육효정법
六爻正法

許侍聖 著

明文堂

머리말

육효(六爻)는 괘(卦)를 얻어 세상만사 일이 어떻게 되는지를 아는 학문입니다.

괘는 여섯 개 효로 이루어졌습니다.

여섯 개의 효이므로 육효라고 합니다.

원래 괘와 효는 주역(周易)에 있는 것인데, 주역점과는 별개로 주역의 괘와 효를 빌어 점사(占事)의 이론으로 독창적으로 발전해 왔습니다.

어느 분이 처음 육효의 이론을 정립했는가는 알려진 바가 없고 오랜 세월 동안 여러분이 계승, 발전시켜 지금의 이론으로 정해졌습니다.

조선이나 중국의 선비들은 육효를 전부 알았고, 이순신 장군도 전쟁에 나갈 때는 육효점을 봤다는 기록이 당신의 일기 난중일기에 나와 있습니다.

또한 소설이지만 홍길동이 새벽에 괘를 얻어 보니 새벽에 자기를 죽이려고 하는 사람이 온다는 것을 알고 미리 몸을 피하는 장면이 나옵니다.

중국에서도 유비가 제갈량을 만나려고 삼고초려(三顧草廬)하는데, 어느날 괘를 얻어 제갈량이 오두막 자기 집에 돌아왔다는 확신을 하고 찾아가는 장면이 있습니다.

여기서의 괘가 주역점인지 육효점인지는 분명치 않습니다.

주역점도 미래를 내다보는 점법이지만 상징적인 뜻으로만 되어있어 점의 측면으로만 보면 육효점이 월등합니다.

제 안사람 같은 경우는 육효를 주식에 활발히 쓰고 있습니다. 몇 년간 주식을 하고 있는데 95% 이상은 맞는다고 합니다. 5%는 왜 틀리는지는 알 수가 없고, 현실 세계에서 95% 이상 적중률을 갖는다는 것은 대단하다고 할 수 있습니다.

제가 30여 년 전에 맹인 송춘식 선생을 만나 공부할 때, 일본에서 국제전화로 매일 선생님께 "오늘 땁니까, 잃습니까? 따면 몇 시에 따고, 잃으면 몇 시에 잃습니까?"라고 묻는 아주머니가 있었습니다.

카지노 하는 아주머니인데 손님이 오면 상대하여 게임을 하는 모양입니다.

어느날 송 선생이 "내가 얘기하는게 얼마나 맞습니까?" 하니까 그분이 역시 95% 이상 맞는다고 해서, 제가 옆에서 듣고 있다가 "5%는 왜 틀립니까?"라고 질문했습니다. 그랬더니 송 선생이 "시성이, 시성이 육효는 맞아, 맞아 내가 괘를 잘못 풀어서 그렇지 육효는 맞아, 맞아." 했던 기억이 납니다.

제 경험 중에 하나를 소개하겠습니다.

제가 처음 철학관을 차릴 적에 서울 종로2가 뒷골목 신축건물에 건물이 깨끗해서 2층에 얻었는데 신축건물이라 입주할 사람이 두 사람밖에 없었습니다.

그런데 한 달이 지나도 손님이 없고, 심지어는 지나다니는 사람도 없었습니다. 나중에 알고 보니 게이 골목이라 게이들만 다녀 일반 사람은 그 골목을 피해 다녀 손님이 없다는 사실을 알게 되었습니다.

그래서 "이거 큰일났다. 계약 기간 동안 월세만 내게 생겼다." 하고 괘를 얻었습니다. "이 사무실이 나가겠는가? 나가면 언제 나가겠는가?"라고 괘를 얻었습니다.

봄에 그 건물에 입주했는데, 유월(酉月) 유일(酉日) 유시(酉時)에 나가는 거로 나왔습니다.

그 4층 건물에 두 사람 밖에 입주 안해서 나머지는 비어있어 현실적으로 제 사무실이 나가는 것은 불가능했습니다. 그런데 몇 달 지나 유월 유일 유시에 사람이 와서 그날 계약은 못했지만 다음날 와서 계약했습니다.

그게 제 육효의 첫 경험이라, 저도 놀래서 인사동 가서 소주 한잔 했습니다. 육효가 맞을 때는 귀신이 곡할 정도로 무섭게 맞습니다.

30여 년 전에 제가 육효를 공부할 때도 육효는 맹인들의 전유물이라 눈뜬 사람은 거의 아는 사람이 없었습니다.

이제는 세월이 흘러 눈뜬 사람도 아는 사람이 많아졌지만, 육효를 복서정종(卜筮正宗) 18문답(問答) 이론 그대로 쓰는 사람이 없어 엉터리들이 많습니다. 육효이론은 복서정종 이론 한 가지라 딴소리하는 사람이 없을 줄 알았는데 현실은 그렇지 않더군요.

제자랑 같지만, 육효를 국제문제를 비롯해 주식가격까지 아는 이는 뛰어난 맹인 몇 사람 뿐일 것입니다. 육효 책까지 냈다는 사람한테 배운 어떤 분이 실컷 공부하고 하나도 쓰지 못해 저에게 온 분이 있었습니다. 그래서 어떻게 공부했는데 못쓰느냐고 물었더니 전부 엉터리였습니다. 그래서 인간 세상은 할 수 없다라는 생각이 들더군요.

여하튼 육효는 대단한 것이고, 특히 인생의 중대한 갈림길에서 육효로 올바른 결정을 하는데 큰 가치가 있습니다.

그리고 육효는 신명(神明)께서 내려주는 것입니다. 산(算)가지를 내 손으로 뽑지만 신명께서 내려줍니다. 강종산 어른이 "주문(呪文)

은 신명을 부르는 말이요, 부(符)는 신명을 부르는 글이다."라는 말씀을 했습니다.

　도교(道教)에서는 "우주 천지에는 신명들로 꽉 차있다. 신명들이 안하는 일이 없다."라고 합니다. 그러므로 신명을 믿고 공손히 받드는 마음의 자세가 절대적으로 요구됩니다. 그러고 나서 1분만 정신 집중해서 괘를 얻으면 백발백중이 됩니다. 그리고 산통(算筒), 산가지는 제가 만든 것입니다. 맹인들은 금속성으로 된 10cm 정도의 산통과 금속성으로 된 산가지 8개를 씁니다. 앞이 안보이므로 산가지에 홈을 내서 8개를 쓰는데, 상당히 불편해서 계룡산에 있을 때 담밖 산죽을 잘라 64개로 만들어 쓰고 있습니다. 이렇게 쓰는 사람은 이 땅에 저밖에 없는 걸로 알고 있습니다.

　부처님께서 "점치지 말라"라는 말씀을 했었지만, 우리 같은 범부 중생이 이 어려운 현실을 살아가자면 육효는 꼭 필요합니다.

　주역(周易)은 점서(占書)이면서 우주가 돌아가는 이치를 밝힌 대단히 심오한 책입니다. 주역을 간단히 언급한다면,

　일본만수(一本萬殊), 만수일본(萬殊一本) 한 근본이 만 가지 다른 것이 되고, 만 가지 다른 것이 한 근본이다. 이것이 주역의 대의입니다.

백천 시냇물이 결국 한 바다로 된다는 이치입니다. 중생들이 근본 자리를 소급하여 도통(道通)하는 것, 이것이 주역의 대의입니다.

그러므로 주역의 역리(易理)는 아는 것이 근본이 아니라, 아는 것이 끊어진 그 자기가 근본인 것입니다.

이상으로 머리말을 마치고, 모쪼록 육효를 공부하는 분들은 잘 공부해서 훌륭하게 쓰시기 바랍니다.

끝으로 워드작업을 해주신 원불교 출가인인 허진아 교무에게 고마움을 표합니다.

신축년(2021) 장마철에

허시성 씀

목차
(目次)

괘(卦)를 얻는 방법

1. 산가지로 얻는법

제가 만든 산가지는 64개입니다. 왜 64개인지를 얘기하겠습니다.

건위천 乾爲天	곤위지 坤爲地	이위화 離爲火	감위수 坎爲水	진위뢰 震爲雷	손위풍 巽爲風	간위산 艮爲山	태위택 兌爲澤
천풍구 天風姤	지뢰복 地雷復	화산려 火山旅	수택절 水澤節	뇌지예 雷地豫	풍천소축 風天小畜	산화비 山火賁	택수곤 澤水困
천산둔 天山遁	지택림 地澤臨	화풍정 火風鼎	수뢰둔 水雷屯	뇌수해 雷水解	풍화가인 風火家人	산천대축 山天大畜	택지췌 澤地萃
천지비 天地否	지천태 地天泰	화수미제 火水未濟	수화기제 水火旣濟	뇌풍항 雷風恒	풍뢰익 風雷益	산택손 山澤損	택산함 澤山咸
풍지관 風地觀	뇌천대장 雷天大壯	산수몽 山水蒙	택화혁 澤火革	지풍승 地風升	천뢰무망 天雷無妄	화택규 火澤睽	수산건 水山蹇
산지박 山地剝	택천쾌 澤天夬	풍수환 風水渙	뇌화풍 雷火豐	수풍정 水風井	화뢰서합 火雷噬嗑	천택리 天澤履	지산겸 地山謙
화지진 火地晋	수천수 水天需	천수송 天水訟	지화명이 地火明夷	택풍대과 澤風大過	산뢰이 山雷頤	풍택중부 風澤中孚	뇌산소과 雷山小過
화천대유 火天大有	수지비 水地比	천화동인 天火同人	지수사 地水師	택뢰수 澤雷隨	산풍고 山風蠱	풍산점 風山漸	뇌택귀매 雷澤歸妹

가로로 제일 위에 있는 팔괘(八卦)는 수괘(首卦 : 우두머리 괘)입니다.

사실은 건위천은 중건천, 곤위지는 중곤지 이런 식입니다. 내괘(內卦), 외괘(外卦)가 다 건위천이므로 중건천(重乾天)이라 부르는 것이 옳지만, 그냥 편하게 건위천이라고 부릅니다.

건위천의 괘상(卦象)은 ☰〔양효(陽爻)〕가 셋이므로 양효동(動)입니다.

곤위지의 괘상은 ☷〔음효(陰爻)〕가 셋이므로 음효동(動)입니다.

이위화의 괘상은 ☲(음효가 하나이므로) 음효입니다.

감위수의 괘상은 ☵(양효가 하나이므로) 양효입니다.

진위뢰의 괘상은 ☳(양효가 하나이므로) 양효입니다.

손위풍의 괘상은 ☴(음효가 하나이므로) 음효입니다.

간위산의 괘상은 ☶(양효가 하나이므로) 양효입니다.

태위택의 괘상은 ☱(음효가 하나이므로) 음효입니다.

앞서 얘기했듯이 맹인들이 쓰는 산가지는 8개인데, 앞이 안보이므로 산가지에 홈이 1개에서 8개가 패어 있습니다.

8개에서 양효동(陽爻動)은 1개

음효동(陰爻動)은 1개

양효(陽爻) 3개

음효(陰爻) 3개입니다.

따라서 제가 쓰는 산가지는 64개이므로, 여기에 8을 곱해야 하는데 곱하면,

　　　　양효동은 8개

　　　　음효동은 8개

　　　　양효는 24개

　　　　음효도 24개가 나옵니다.

이것을 다 합하면 64개가 됩니다.

맹인들은 산가지가 8개라 한 개를 뽑고, 다시 집어넣어 뽑고 해야 하기 때문에 상당히 번거롭습니다.

산가지가 64개면 한 개를 뽑아 상 위에 두고, 나머지 5개를 더 뽑아 상 위에 두어 64卦를 금방 압니다. (산가지 수가 많으므로 다시 산통에 집어넣지 않아도 되겠지요.)

　　　　처음 뽑은 산가지가 초효(初爻 : 一爻)

　　　　두 번째 뽑은 산가지가 이효(二爻)

　　　　세 번째 뽑은 산가지가 삼효(三爻)

　　　　여섯 번째 뽑은 산가지가 육효(六爻)입니다.

이것이 산가지로 괘를 얻는 방법이고, 육십사괘는 세로로 한두 줄씩 외웁니다. 일부러 외울려고 하지 말고 자꾸 읽다보면 저절로 외워집니다.

절을 다니는 할머니들이 천수경(千手經)을 달달 외우는데, 많이 독정해서 저절로 외워진 것입니다.

64괘를 주문(呪文)으로 치면 우주가 돌아가는 이치를 밝힌 것으로 최고의 주문입니다. 그러므로 많이 읽으면 좋겠지요.

우리 안사람은 주식 종목을 어느때는 20개 정도 얻기 때문에 산가지로 얻는 것도 귀찮아서 숫자로 괘를 얻습니다.

　　　　1은 건위천(중건천) : 양효동

　　　　2는 태위택 : 음효

　　　　3은 이위화 : 음효

　　　　4는 진위뢰 : 양효

　　　　5는 손위풍 : 음효

　　　　6은 감위수 : 양효

　　　　7은 간위산 : 양효

　　　　8은 곤위지(중곤지) : 음효동

1~8까지 숫자를 6번 씁니다. 그래도 95% 이상 맞는다고 합니다.

2. 척전법(擲錢法)

옛날 엽전으로 점을 치면 보통 상평통보(常平通寶)라고 씌여진 면을 양효(陽爻)로 삼고, 반대면을 음효(陰爻)로 삼습니다.

엽전이 없을 때는 100원짜리 3개나 500원짜리 3개를 사용합니다.

두 손에 쥐고 흔들어서 상 위에 내려 놓는 것을 6번 합니다. 그림 있는 면을 양효, 숫자가 있는 면을 음효로 삼습니다.

육효 (100) (그림) (그림) : 숫자가 하나이므로 음효

오효 (그림) (100) (100) : 그림이 하나이므로 양효

사효 (그림) (그림) (그림) : 그림이 세 개이므로 양효동

삼효 (100) (그림) (그림) : 숫자가 하나이므로 음효

이효 (100) (100) (100) : 숫자가 세 개이므로 음효동

초효 (100) (그림) (100) : 그림이 하나이므로 양효

위의 괘상을 효로 나타내

이렇게 그리는데
보기 불편하므로   이렇게 그립니다.

3. 여타의 방법

시간으로도 괘를 얻을 수 있습니다.

8시 45분 30초라고 하면

8시는 8이므로 곤위지이고,

45는 8로 나누면 5가 남으므로 손위풍이고, 곤위지가 외괘이고, 손위풍이 내괘가 됩니다.

30초를 6으로 나누면 (효는 6개라 6으로 나눕니다) 5가 나오므로 5효동입니다.

책 페이지를 넘겨서(세 번) 똑같이 괘를 얻을 수 있고, 괘를 얻는 방법은 무수히 많습니다. 길을 가다 나뭇잎을 따서 볼 수도 있고, 돌멩이를 주워볼 수도 있습니다.

그러나 괘를 얻는 대표적인 방법은 산가지와 척전법입니다.

모쪼록 신명(神明)과 잘 감응하여 괘를 훌륭히 얻었으면 하는 바램입니다.

그리고 18문답에 나와있는 괘상은 131개이나 36개는 빼고, 95개로 공부하고 있습니다. 왜냐하면 그 36개는 이론의 일관성이 없어 제가 뺀 것입니다.

4. 납갑(納甲) 붙이는 법

① 건위천

戊 |
申 | 외괘
午 |
辰 |
寅 | 내괘
子 |

② 곤위지

酉 ‖
亥 ‖ 외괘
丑 ‖
卯 ‖
巳 ‖ 내괘
未 ‖

③ 이위화

巳 |
未 ‖ 외괘
酉 |
亥 |
丑 ‖ 내괘
卯 |

④ 감위수

子 ‖
戌 | 외괘
申 ‖
午 ‖
辰 | 내괘
寅 ‖

⑤ 진위뢰

戌 ‖
申 ‖ 　외괘
午 ∣
辰 ‖
寅 ‖ 　내괘
子 ∣

⑥ 손위풍

卯 ∣
巳 ∣ 　외괘
未 ‖
酉 ∣
亥 ∣ 　내괘
丑 ‖

⑦ 간위산

寅 ∣
子 ‖ 　외괘
戌 ‖
申 ∣ 　내괘
午 ‖
辰 ‖

⑧ 태위택

未 ‖
酉 ∣ 　외괘
亥 ∣
丑 ‖ 　내괘
卯 ∣
巳 ∣

예 천지비 4爻동 괘를 얻었다고 하면

戊 ｜　이렇게 쓸 수 있는데 내괘와 외괘를 갈라놓고, 내
申 ｜　괘는 동한효가 없으니 놔두고 외괘는 4爻가 동했
　　　으므로
午 ⺈
卯 ‖　｜손위풍으로 바뀝니다. 양효가 통하면
巳 ‖　｜음으로 바뀌고
未 ‖　‖음효가 동하면 양으로 바뀝니다.

그러면 손위풍의 외괘 납갑을 붙이면 됩니다.

卯 ｜
巳 ｜　이렇게 되겠지요.
未 ‖

그러면

戊 ｜
申 ｜
午 ⺈
未
卯 ‖
巳 ‖
未 ‖

이렇게 납갑을 붙이면 됩니다.

5. 육친(六親)을 붙이는 법

① 괘체(卦体)라고 있는데, 괘체는 건위천을 포함해서 건위천 밑에
7개 괘상의 괘체는 오행(五行)으로 금(金)입니다.

② 곤위지는 토(土)이고

③ 이위화는 화(火)이며

④ 감위수는 수(水)이고

⑤ 진위뢰는 목(木)이며

⑥ 손위풍은 목(木)이고

⑦ 간위산은 토(土)이며

⑧ 태위택은 금(金)입니다.

괘체를 "나"로 생각합니다. 사주에서 일주(日柱) 천간을 나로 하듯
이 괘체를 "나"로 합니다.

천지비 괘를 예로 들면(괘체가 金입니다)

文戌 │ 나를 생하므로 문서, 혹은 부모 사주에서 인수.

兄申 │ 나와 같으므로 형제. 사주에서는 비견, 비겁.

官午 │ 나를 극하므로 관귀. 사주에서는 관살.

才卯 ‖ 내가 극하므로 재물. 재(財)자를 편하게 才로 씁니다.

官巳 ‖ 나를 극하므로 관귀(官鬼).

文未 ‖ 나를 생하므로 문서.

납갑 붙이는 법을 먼저 외우고, 64괘 괘상 이름은 천천히 외워도
됩니다.

6. 세(世)와 응(應) 붙이는 법

64괘 조견표에서 가로로 제일 위에 있는 괘들은 전부 6이고, 둘째
줄은 전부 1이며, 셋째줄은 전부 2이며, 넷째줄은 전부 3이고
　다섯째줄은 전부 4이며, 여섯째줄은 전부 5이며,
　일곱째줄은 전부 4이고, 여덟째 줄은 전부 3입니다.

이 말은 6이면 세가 6효에 붙는다는 것이고,
　　　1이면 세가 1효에 붙는다는 것이고,
　　　2면 세가 2효에 붙는다는 것이고,
　　　3이면 세가 3효에 붙는다는 것입니다.

세가 정해지고 나면 응은 자연히 정해집니다.
세가 초효에 있으면 하나, 둘, 셋 4효에 붙고
세가 2효에 있으면 하나, 둘, 셋 5효에 붙으며
세가 3효에 있으면 하나, 둘, 셋 6효에 붙고
세가 4효에 있으면 밑으로 하나, 둘, 셋 초효에 붙으며
세가 5효에 있으면 밑으로 하나, 둘, 셋 2효에 붙고
세가 6효에 있으면 밑으로 하나, 둘, 셋 3효에 붙습니다.

세는 나고, 응은 남입니다.

세는 우리 사회고, 웅은 다른 사회고,

세는 우리나라고, 웅은 남의 나라입니다.

오행(五行)의 상생(相生)과 상극(相剋)

　　木은 火를 生하고, 火는 土를 生하며

　　土는 金을 生하고, 金은 水를 生하며

　　水는 木을 生합니다.

이것이 오행의 상생입니다.

오행의 상극은

木은 土를 剋하고, 土는 水를 剋하며

水는 火를 剋하고, 火는 金을 剋하며

金은 木을 剋합니다.

7. 공망(空亡) 찾는법

60 甲子 조견표

공망

甲子 乙丑 丙寅 丁卯 戊辰 己巳 庚午 辛未 壬申 癸酉 (戌亥):공망

甲戌 乙亥 丙子 丁丑 戊寅 己卯 庚辰 辛巳 壬午 癸未 (申酉):공망

甲申 乙酉 丙戌 丁亥 戊子 己丑 庚寅 辛卯 壬辰 癸巳 (午未):공망

甲午 乙未 丙申 丁酉 戊戌 己亥 庚子 辛丑 壬寅 癸卯 (辰巳):공망

甲辰 乙巳 丙午 丁未 戊申 己酉 庚戌 辛亥 壬子 癸丑 (寅卯):공망

甲寅 乙卯 丙辰 丁巳 戊午 己未 庚申 辛酉 壬戌 癸亥 (子丑):공망

甲子 순(旬)은 戌과 亥가 공망이고

甲戌 순(旬)은 申과 酉가 공망이고

甲申 순(旬)은 午와 未가 공망이고

甲午 순(旬)은 辰과 巳가 공망이고

甲辰 순(旬)은 寅과 卯가 공망이고

甲寅 순(旬)은 子와 丑이 공망입니다.

8. 지지(地支)의 합(合)과 충(沖)

① 지지합

寅亥合, 卯戌合, 辰酉合

巳申合, 午未合, 子丑合

② 지지충

寅申沖, 卯酉沖, 辰戌沖

巳亥沖, 午未合, 丑未沖

③ 지지삼합(三合)

亥卯未　三合木局　寅午戌　三合火局

巳酉丑　三合金局　申子辰　三合水局

9. 포태법(胞胎法)

	포 (胞:絶)	태 (胎)	양 (養)	생 (生)	욕 (浴)	대 (帶)	관 (冠)	왕 (旺)	쇠 (衰)	병 (病)	사 (死)	묘 (墓)
木	申	酉	戌	亥	子	丑	寅	卯	辰	巳	午	未
火	亥			寅				午				戌
金	寅			巳				酉				丑
水	巳			申				子				辰

여기서 포궁(절궁), 생궁, 왕궁, 묘궁만 외우면 됩니다. 앞으로 포궁은 절궁(絶宮)으로 부를 것입니다. 생궁, 왕궁, 묘궁은 三合을 이룹니다.

10. 24절기(節氣)에 관하여

1月 : 입춘(立春), 우수(雨水)

2月 : 경칩(驚蟄), 춘분(春分)

3月 : 청명(淸明), 곡우(穀雨)

4月 : 입하(立夏), 소만(小滿)

5月 : 망종(芒種), 하지(夏至)

6月 : 소서(小暑), 대서(大暑)

7月 : 입추(立秋), 처서(處暑)

8月 : 백로(白露), 추분(秋分)

9月 : 한로(寒露), 상강(霜降)

10月 : 입동(立冬), 소설(小雪)

11月 : 대설(大雪), 동지(冬至)

12月 : 소한(小寒), 대한(大寒)

여기에서 첫 번째는 절(節)이고, 두 번째는 기(氣)입니다.

기는 필요 없고 절만 외우면 됩니다.

입춘이 드는 날짜와 시간이 지나야 새해 1월이 됩니다. 나머지도
마찬가지입니다.

11. 용신(用神)을 정하는 법

兄爻 : 형제, 자매, 선후배, 친구, 동료, 바람(風)

孫爻 : 자녀, 조카, 아랫사람, 성직자, 약재(藥材), 가축, 짐승, 일월
　　　 성신(日月星辰)

財爻 : 처, 첩, 노비, 재물, 물가, 맑음(淸明)

官爻 : 남편, 남편의 형제, 남편의 친구, 벼슬, 관부, 귀신, 시신, 뇌
　　　 전(雷電), 구름(雲)

文爻 : 조부모, 부모, 스승, 백부(모), 숙부(모), 부모의 친구, 직장
　　　 상사, 서류, 문서, 자격증, 집, 담장, 자동차, 배, 옷, 비(雨)

18問答

三傳(年, 月, 日)이 用神을 剋할 때 一爻는 動하여 生하고, 一爻는 動하여 剋하면, 이것 또한 貪生忘剋이라 할 수 있습니까?

{答曰}

적은 수로써 많은 수에 대적할 수는 없다. 즉 一爻는 生하더라도 一爻는 剋하고 변화하여 剋이면 마땅치 않은 것인데, 하물며 三傳이 剋하는 爻를 돕는데서랴?

또한 묻기를 月剋日生이거나 日剋月生이면 어떻습니까?

{答曰}

그런 경우는 괘상을 다시 보아 一爻가 動하여 生하면 生이고, 一爻가 動하여 剋하면 剋이니라.

1. 동생의 病이 위급합니다.

兄子 ‖ 應

官戌 ∣

文申 ‖
兄亥 ‖

兄亥 ∣ 世

官丑 ‖

孫卯 ∣

辰月丙申日占

{斷曰}

　이 卦는 亥水兄弟가 用神인데, 월건 辰土는 剋用하고 일진 申金은 生用하고 있느니라. 그런데 四爻 申金이 動하여 用神을 生하므로 病이 나을 수 있느니라. 과연 당일 酉時에 명의를 만나 살아나고 亥日에 病이 나았느니라.

【 註 1 】 통변(通変)을 하면 申金이 父母爻이므로 나이 많은 어른, 또 申씨나 金씨, 혹은 서남방에서 왔다고 할 수 있습니다.

　世가 水이므로 신장, 방광 계통의 병이라고 할 수 있습니다.

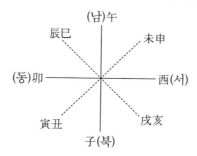

2. 동생이 구속되었는데 풀려 나겠습니까?

```
文未  ‖
兄酉
兄申  才    午 月
孫亥  │    丁
      應   未 日
官午  ‖    占
兄酉
文辰  │
才寅  ‖
      世
```

{斷曰}

　　五爻 酉金이 用神인데, 월건 午火가 剋하고 일진 未土가 生하니 무방한데 불행히도 三爻 午火 官鬼가 動하여 월건 午火와 합세하여 剋하므로 大凶之象이니라.

　　그때 그가 말하기를, 그러면 그때는 언제입니까?

{答曰}

　　금년은 辰年이니 辰酉合으로 生合되어 무방하나 午年 申月에 위험하니라.

　　과연 午年 申月에 중형을 받았다.

【註2】 동생이 서쪽에 있고, 퇴신(退神)이 되어 어떻게 해보려고 하나 아무것도 할 수 없는 상황입니다. 그리고 世가 財를 끼고 공망이라, 나는 돈도 없어 넋놓고 우두커니 앉아있는 형상입니다. 퇴신은 뒤에 나옵니다.

3. 여동생이 출산하는데 괜찮습니까?

官巳 |

文未 ‖

兄酉 | 世

才卯 ‖

官巳 ‖

文未 ‖ 應

午月戊辰日占

{斷曰}

四爻 酉金 兄弟가 用神인데 월건 午火는 剋하나 일진 辰土가 生하므로 순산하리라. 내일 卯時에 출산하리라.

과연 다음날 卯時에 출산했는데 卯時에 應한 것은 用神 酉金이 일진 辰土와 辰酉로 합하고 있으므로 冲을 만나야 했기 때문이다. (黃金榮에 云 若逢合住면 必待冲開라.) 이 괘상은 月剋日生이나 吉하게 나타났느니라.

【 註 3 】 여기서 황금책이란 복서정종(卜筮正宗)에 있는 내용입니다. 兄爻에 世가 같이 있어 여동생을 심히 걱정하고 있습니다.

4. 제가 病이 들었습니다.

才未 ‖

孫巳 ×

官酉 ×

才未

文亥 ― 世

亥酉 ―

文亥 ―

才丑 ‖ 應

巳月 乙未日 占

{斷曰}

　四爻 亥水가 用神인데, 六爻 未土가 動하여 剋하고 五爻 酉金이 動하여 生하고 있느니라. 그런데 酉金이 動하여 未土가 亥水를 剋하지 않고 酉金을 生하므로 吉하게 됐느니라.(貪生忘剋) 그러나 用神이 月破를 만났고 일진의 剋을 받으니 마치 뿌리가 상한 나무와 같아 위험하니라.

　과연 卯日에 죽었는데, 卯日에 應한 것은 原神 酉金을 沖去하므로 忌神이 함께 와서 剋한 까닭이다.

【註4】 世爻가 水이므로 역시 신장, 방광 계통의 병이고, 財가 동하여 剋하므로 음식을 잘못먹어 생긴 병이라고 할 수 있습니다.

5. 묘자리가 좋은지요?

才寅 | 朱

孫子 ‖ 青
辰

文戌 ‖ 玄
世

才卯 ‖ 白

官巳 ‖ 它
應

文丑 ‖ 句

申月戊子日占

{斷曰}

五爻 子水가 일진과 아울러 世에 임하여 있고, 월건 申金이 生하므로 靑龍이 물을 희롱하는 상이니, 물이 왼쪽으로 흐르거나 무덤 근처에 큰 물이 있을 것이니라.

白虎 卯木은 일진 子水의 生을 받고 있으니 좋고, 辰이 朝山인데 일진 子水의 剋을 받으니 朝山은 높지 않고, 世前一位가 案山인데 四爻 戌土로써 世爻 子水를 剋하므로 案山은 우뚝 솟아나 있느니라.

{彼曰}

"선생님 말씀대로 모두 그렇습니다."라고 하며 장을 지냈는데 그 후 3年이 지나지 않아 두 아들이 모두 과거에 급제하였다.

【 註3 】 청룡(靑龍)은 무덤의 왼쪽 산,
　　　　백호(白虎)는 무덤의 오른쪽 산,
　　　　안산(案山)은 무덤의 반대편 산,
　　　　조산(朝山)은 안산 뒤의 산입니다.

제2문

무엇을 回頭剋이라 하는지요?

그리고 回頭剋을 당하면 吉凶이 어떠한지요?

{答曰}

土爻가 動하여 木으로 변화하고

木爻가 動하여 金으로 변화하고

金爻가 動하여 火로 변화하고

火爻가 動하여 水로 변화하고

水爻가 動하여 土로 변화하는 것을 爻之 回頭剋이라 하느니라.

그리고 乾卦나 兌卦가 離卦로 변화하고

離卦가 坎卦로 변화하고

坎卦가 艮卦나 坤卦로 변화하고

艮卦나 坤卦가 震卦나 巽卦로 변화하고

震卦나 巽卦가 乾卦나 兌卦로 변화하는 것을 卦之回頭剋이라 하느니라.

回頭剋을 만나면 철저하게 剋을 받으므로, 用神이나 原神이 만나면 凶하고 忌神이나 仇神이 만나면 吉하니라.

6. 올해 집안 식구들이 모두 편안하겠는지요?

才子 ⫻
兄戌

兄戌 |

孫申 ⫼
文午 世

兄辰 |

官寅 |

才子 |
應

卯月癸亥日占

{斷曰}

　申金子孫이 持世인데, 午火에게 회두극을 받으므로 자신과 자식이 모두 傷하는 상이고, 子水財爻가 戌土의 회두극을 받고 있으므로 처, 첩, 하인 모두 傷하는 상이니라. 一家가 모두 傷하는 괘상인데 그후 5月에 世를 剋하고, 土를 도와 財를 剋하며, 또한 子午冲이 되어 집안 식구 전부 화재로 죽었느니라.

　【註6】 이런 경우는 用神이 하나가 아니라 여러 개입니다. 부모님을 모시고 산다면 父母爻도 봐야 하고, 형제들과 같이 산다면 兄弟爻도 봐야 합니다.

7. 점포를 내려고 하는데요?

官寅 才
孫酉 世

才子 ‖

兄戌 ‖

孫申 │
應

文午 ‖

兄辰 〳
官卯

寅月辛酉日占

{斷曰}

　世爻 寅木이 得令하여 지금은 괜찮으나 일진 酉金이 剋하고 変爻酉金이 회두극하여 世爻에 官鬼가 임해 있으므로 건강을 조심해야 하느니라.

　그후 6月에 世가 入墓하여 病을 얻었고, 8月에 世爻가 다시 剋을 받아 돈과 물건을 모두 도둑맞았다.

【註7】 이 괘는 世가 회두극(回頭剋)이라 강도를 만나 해를 입는 것입니다. 金의 剋을 받아 칼로 해를 입습니다. 제가 공부할 때에 맹인 송춘식 선생이 누가 물어 괘를 얻었는데 孫이 木의 회두극을 받았습니다. 그 애가 나무에 목을 매어 자살했습니다.

8. 病을 오래 앓고 있는데 금년을 넘길 수 있겠습니까?

文戌 ｜

兄申 ｜ 應

官午 ｜

兄申 ｜

官午 ╳

孫亥 世

文辰 ‖

申月戊午日占

{斷曰}

　世爻 午火가 일진과 아울러 좋으나 亥水가 월건 申金의 生을 받아 世爻 午火를 회두극하므로 亥月 戌日을 넘기지 못하느니라.

　과연 亥月 戌日에 죽었는데 亥月 應한 것은, 亥水가 더욱 旺해지는 달을 만났기 때문이고, 戌日에 應한 것은 世爻가 入墓하기 때문이라.

【註8】 역시 世가 회두극이라 죽습니다. 世가 火이므로 심장, 소장 계통의 병으로 죽습니다. 병자는 입묘(入墓)일에 위험합니다.

9. 물건을 사러 가려는데 어떻겠습니까?

```
兄卯  |

孫巳  |         卯     {斷曰}
      應
                月        丑土 財爻가 持世했는데 卯月이 剋하고 未
才未  ||        乙     日이 冲하니라.(冲散) 또한 変爻 寅木의 회두
                      극을 받으니 비단 재물뿐만이 아니라 자신도
文亥  |         未     傷하는 괘상이니라.

才丑  ||        日        그후 未月에 世爻 丑土가 冲을 만나 몸을 傷
兄寅  |  世     占     하여 죽고 말았다.

兄卯  |
```

【 註 9 】 世가 財를 끼고 회두극이라 돈 잃고 몸도 다칩니다. 회두극은
진정 무서워 다치는 정도로 끝나지 않습니다. 또 辰은 목적지인데, 공망이
라 그곳에 사려는 물건이 없습니다.

10. 언제 비가 오겠습니까?

官酉 ‖

文亥 ‖

才丑 ‖ 世

關酉
孫午

文亥 |

才丑 ‖ 應

酉月丙寅日占

{斷曰}

亥水 文書가 用神인데 공망이고, 酉金 官鬼가 原神인데 午火 회두극을 받고 있으므로 旬內에는 비가 오지 않고 子日에 약간 오느니라.

子日에 應한 것은 午火 仇神을 冲去했기 때문이고, 비가 적게 온 것은 공망 맞고 뿌리가 없었기 때문이다.

【註10】일기점(日氣占)에서 兄炎는 바람, 孫炎는 일월성신(日月星辰), 財炎는 맑음, 官炎는 구름, 文炎는 비입니다. 10년 전에 계룡산 신원사쪽에 살았는데 일요일에 딸아이가 친구들과 만나 계곡에 수영하기로 약속했다고 합니다.

날이 흐렸지만 일기예보에 비는 안온다고 했는데, 점을 쳐보니 많은 비는 아니지만 비가 좀 오니까 가지 말라고 했는데 역시 未時에 비가 조금왔습니다.

11. 아버지가 구속되었습니다.

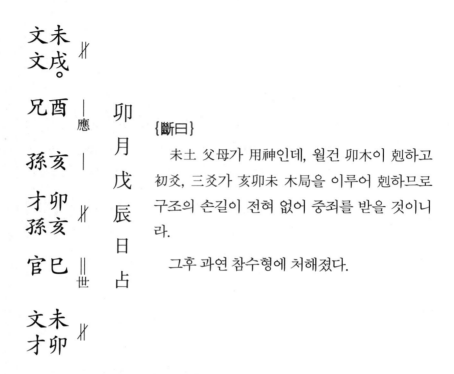

文未
文戌 ‖

兄酉 ―
　　　應

孫亥 ―

才卯
孫亥 ‖

官巳 ‖
　　　世

文未
才卯 ‖

卯月戊辰日占

{斷曰}
　　未土 父母가 用神인데, 월건 卯木이 剋하고 初爻, 三爻가 亥卯未 木局을 이루어 剋하므로 구조의 손길이 전혀 없어 중죄를 받을 것이니라.
　　그후 과연 참수형에 처해졌다.

【 註 11 】 三合 木財局이 아버지를 剋하므로 여러 사람이 아버지에게 죄를 주자고 하고, 아버지가 진신(進神)이지만 三合의 剋을 받아 참수형에 처해졌습니다. 三合은 여러 명이 합세하는 것입니다.

12. 하인이 언제 돌아오겠습니까?

兄未
兄戌 ∦

孫酉 |

才亥 | 世

兄辰
兄丑 ∤

官寅 |

才子 ‖ 應

巳月 丁亥日 占

{斷曰}

亥水 財爻가 用神인데, 일진과 아울렀으나 月破당하고 重重으로 動한 土에게 剋을 받으므로 돌아오지 못할 뿐 아니라 凶한 일을 당하기 쉬우니라.

그후 5月에, 未土를 生合하여 亥水用神을 剋하여 돌아오는 길에 큰 해를 입었다.

【註 12】 옛날에는 하인을 재물 취급하여 財로 봤지만, 지금은 兄爻나 孫爻로 봅니다. 친구한테 당했네요.

13. 病이 있는데 어떻겠습니까?

```
兄巳 才
官子 世

孫未 ⚋      {斷曰}
孫戌           離爲火 卦가 坎爲水 卦로 변하여 卦之 回頭
             剋이라. 이런 卦를 反吟卦라 하느니라. 世爻
才酉 才       巳火가 회두극을 받고 있는데, 지금 당장은 火
才申          旺節이고 일진이 生하여 괜찮으나 戌月 亥日
             에 위험하니라.
官亥 才
兄午 應       그후 戌月 亥日에 죽었는데 戌月 應한 것은
             用神 巳火가 入墓했기 때문이고, 亥日에 應한
孫丑 ⚋      것은 用神 巳火를 冲去했기 때문이니라.
孫辰

文卯 才
文寅
```

午
月
丙
寅
日
占

【 註 13 】 이렇게 六爻가 동하면 일일이 볼 필요가 없습니다. 世가 회두
극이라 죽습니다. 병자는 입묘할 때 위험합니다. 戌月 亥日에 죽었는데, 戌
月 戌日에 해도 되고, 亥月 戌月이라 해도 되며, 亥月 亥日이라 해도 됩니
다. 이럴 때는 9월(戌月), 10월(亥月)에 위험하다고 하면 됩니다.

14. 방세를 받으러 가는데요?

兄子 ‖ 世
官戌 ✕
兄亥 ‖
文申 ‖
才午 ‖ 應
官辰 ✕
才巳
孫寅 ‖

卯月
乙酉日
占

{斷曰}

坎卦가 坤卦로 변하니 역시 卦之回頭剋이 니라. 世爻 子水가 비록 일진의 生을 받으나 土가 重重으로 動해 世爻를 剋하므로, 이 괘는 심히 凶한데 방값이 문제가 아니고 凶한 일을 조심해야 하느니라.

그후 5월에 배가 뒤집혀 죽고 말았는데 午 月에 應한 것은 辰戌土 官鬼들이 봄철에는 위 세를 떨치지 못하다가 火旺節을 만났기 때문 이고 또한 世爻가 冲을 만났기 때문이다. 이 占은 방값을 점쳤는데 命으로 나타나니, 이는 神이 그 凶함을 미리 가르쳐준 것이라. 이것을 점쳤는데 저것이 나타나고 가벼운 것을 점쳤 는데 중요한 것이 나타났느니라.

【 註14 】 5爻는 도로(道路), 길로 봅니다. 그리고 應, 그 사람이 財를 끼 고 공망이라 현재 돈이 없습니다. 이럴 때는 방세고 뭐고 가지 않아야 합니 다.

15. 상소문을 올리는데 어떻겠습니까?

官卯 |

文巳 ㅐ
才子

兄未 ‖ 世

兄丑 ‖

官卯 |

文巳 |
應

申月戊辰日占

{斷曰}

　五爻 巳火가 世를 生하나 子水가 회두극하므로 상소를 하는 것이 여의치 못하니라.

　묻기를 "그러면 害를 입겠는지요?" 巳火가 비록 世를 生하지는 못하나 다행히 卦中에 世를 剋하는 爻가 없으니 害는 없느니라.

　후에 상소는 받아들여지지 않았다.

【 註 15 】 옛날에는 상소를 잘못 올려 본인이 다치는 경우가 많아 이런 질문을 했는데, 世가 剋을 받지 않아 무사합니다.

用神을 生하는 것이 原神인데, 原神은 본래 吉하나 吉한 가운데에 凶함이 있습니까?

{答曰}

原神이 動하여 生할 때 用神이 出現하여 旺하면 그 吉함이 배가 되지만, 用神이 旬空, 쇠약하거나 혹은 伏神이 되어 있으면 出空, 得令, 値日을 기다려야 하느니라.

그러나 用神이 出現하여 旺하더라도 原神이 剋을 받은 채로 動하지 않았거나, 動했다 하더라도 変剋, 変絶, 変墓 하였거나 月破, 日冲이거나, 仇神이 動하여 原神을 剋하거나 혹은 退神이면 用神을 生하지 못하므로, 나무의 뿌리가 상한 것과 같아 吉하지 못할 뿐만 아니라 오히려 凶하니라.

16. 남편이 병들었습니다.

孫戌 ｜ 應

才申 ╳ 孫未

兄午 ｜

官亥 ｜ 世

孫丑 ‖

文卯 ｜

申月戊辰日占

{斷曰}

世爻 亥水 官星이 일진에 入墓이므로 위험한데, 다행히 申金 原神이 変爻 未土의 회두생을 받아 用神을 生하고 있고, 六爻 戌土도 暗動하여 原神 申金을 生하므로 病이 나을 수 있느니라. 다만 亥水用神이 공망이라 原神의 生을 받고 있지 못하므로, 亥水를 冲하는 巳日을 기다리면 病이 낫느니라.

과연 己巳日에 病이 나았다.

【 註 16 】 官爻에 世가 같이 있어 걱정을 많이 하고 있네요. 그런데 공망이라 어떻게 해볼 도리가 없는데 生을 받아 살아났습니다.

17. 風水?

文未 ‖ 玄
兄酉 | 白
孫亥 才 它
兄申 應
官午 ‖ 句
文辰 | 朱
才寅 ⫲ 青
官巳 世

卯月甲寅日占

{余曰}

墓를 쓰고 무슨 일이 있어 분묘점을 하려 하는가? 자세히 말하면 내 한번 決하여 보리라.

{彼曰}

장사 지낸 후 오십이 되도록 자식이 없으니 무덤 어디가 잘못되어서 그렇습니까?

{余曰}

六合이 다시 六合이므로 風藏氣聚로 좋은데, 申金 原神이 寅日의 冲을 받아 물의 原流가 끊어진 象이라. 그러나 巳年에 벼슬하고 申年에 자식을 낳을 수 있느니라.

과연 증험했는데 巳年이라 한 것은 世爻가 官星인 巳火로 변했기 때문이고, 申年이라 한 것은 亥水子孫이 申年을 맞아 다시 回頭生을 만났기 때문이라.

【 註17 】 풍수에서 바람이 안불고 氣가 모이는 곳, 배산임수(背山臨水 : 뒤에는 산이고 앞에는 물)가 吉한 곳입니다.

18. 아버지가 病들었는데 나을 수 있겠습니까?

官酉 ‖

文亥 ‖

才丑 ‖ 世

官酉
孫午 ⨉

文亥 ∣

才丑 ‖ 應

寅月 乙丑日 占

{斷曰}

　亥水 父爻가 用神인데, 비록 공망이지만 酉金 原神이 生하므로 吉하니라. 그러나 原神 酉金이 午火의 회두극을 받아 傷하니 用神의 뿌리가 없음이라.

　과연 卯日 卯時에 죽었는데, 卯日 卯時에 應한 것은 午火를 生助하고 또한 酉金 原神을 冲去한 까닭이다.

【 註 18 】 옛날에는 의학이 발달하지 않아 병점(病占)이 많습니다. 官이 회두극을 받아 父母爻를 生하지 못해 죽었습니다.

卦象에 三合이 이루어진 경우는 어떻게 단정하는지요?

{答曰}

　原神, 用神이 局을 이루면 吉하고, 仇神, 忌神이 局을 이루면 凶하
니라. 局을 이룬다는 것은 무리를 짓는 것이니 剋을 하는 動爻가 있
더라도 어떻게 制할 수 있으리요.

　三爻가 발동하여 用神局을 이루려면 그중 一爻는 用神이 있어야
하고, 原神局을 이루려면 그중 一爻는 原神이 있어야 하며, 仇忌神局
을 이루려면 그중 一爻는 仇忌神이 있어야 하는데, 病이 있는 爻를
기준으로 단정하니라.

① 가령 일진에 沖을 당했거나 (暗動과 沖実이 있다)
　월건에 沖을 당했으면 (月破) 합하는 날에 吉凶이 應事하느니
　라.
② 또 二爻는 動하고 一爻는 靜하면, 靜한 一爻에 直日하는 날에
　應事하느니라.

③ 一爻가 靜하고 공망이거나, 動爻가 공망이거나, 変爻가 공망이면 出空하는 때에 應事하느니라.

④ 공망이면서 合이 되었거나, 靜爻가 合이거나, 動爻가 合이면 冲을 만나는 때에 應事하느니라.

⑤ 変爻와 合이 되었거나, 日辰과 合이 되었거나, 変爻에 入墓하였거나 日辰에 入墓하였으면 冲을 만나는 때에 應事하느니라. (三爻가 모두 발동했는데 다른 病이 없는 경우를 말함.)

⑥ 変爻에 絶이거나 일진에 絶이면 生을 만나는 때에 應事하느니라.

※ 여기 本文이 복잡하게 되어 있는데, 볼 필요 없이 다음 괘상들을 풀면 저절로 이해됩니다.

19. 양 마을이 물로 싸웁니다.

兄巳 才（世）
才酉 ‖ 世
孫未 ‖
才酉 才
孫丑。才
官亥 才（應）
文卯 應
孫丑 ‖
文卯 才
孫未

卯月丁巳日占

{斷曰}

內卦는 우리 마을이고, 外卦는 저쪽 마을인데, 內卦는 亥卯未 木局을 이루었고, 外卦는 巳酉丑 金局을 이루었느니라.

金이 木을 剋하고 있는데, 다행히 쇠약한 金이므로 旺木을 剋할 수 없고, 더군다나 일진이 金을 剋하므로 두려울 바 없느니라.

또 六冲卦가 六冲卦로 변하므로 시비에는 이르지 않고 싸움을 그만두리라.

과연 증험하니라.

內卦, 外卦가 局을 이루면 內卦가 우리고 外卦가 저쪽이지만, 局을 이루지 않았으면 世와 應으로 보느니라.

싸움에 한마음이었던 것은 三合을 이루었기 때문인데 神의 깊은 예시임을 알겠노라.

【 註 19 】 원래 金剋木으로 金이 木을 이기지만, 木이 강하고 金은 쇠약하면 金剋木을 할 수 없습니다. 좋은 일에는 六合卦가 좋고, 흉한 일에는 六冲卦가 좋습니다. 일이 흩어져야 하기 때문입니다.

20. 빈자리에 들어갈 수 있겠습니까?

```
文戌 ⼯
孫子 | 世

兄申 |        巳
              月
官午 ⼯       丁
兄申          酉
              日
文辰 |        占
      應

才寅 |

孫子 |
```

{斷曰}

　寅午戌 三合한 官局이 世를 生하므로, 빈자리에 들어갈 수 있음이라.

　寅자만이 발동하지 않았으므로 寅日에 들어가느니라.

　과연 증험하니라. 이는 "虛一待用"이니라.

【註20】 벼슬을 물었기 때문에 官星이 用神입니다. 벼슬일 때는 官星, 흉한 일일 때는 官鬼라고 부릅니다. 官星이 나를 生해 주니 이보다 좋을순 없지요.

21. 언제 관리로 뽑히겠습니까?

```
文戌 ─
      世

兄申 ─       寅

官午 ⚊       月

文未          丙

文辰 ─       辰
      應
             日
才寅 ─
             占

孫子 ─
```

{斷曰}

　이 卦는 戌土가 暗動했는데, 만일 寅木도 발동했으면 午火가 変爻 未土와 合이 되어 있으므로 冲하는 때를 기다려야 하느니라.

　그러나 寅木이 발동하지 않았으므로 寅자가 와야 하는데, 마침 寅月이므로 월건을 빌려 三合을 이루니 이번 달에 뽑히니라.

　과연 증험하니라. 이는 "虛一補用"이니라.

【 註21 】 世가 官星局, 用神局을 이루어서 됩니다.

22. 다시 복직이 되겠습니까?

```
文未  ||
兄酉  |    應
孫亥  |
才卯  ‖
孫亥
官巳  ‖   世
文未  ‖
才卯
```

辰月 丁亥日 占

{斷曰}

巳火 官星이 持世하고 역마에 임하여 暗動하므로 복직이 곧 되리라. 亥卯未 木局을 이루어 世를 生하고 있는데, 未土가 공망이니 未月에 좋은 자리를 얻느니라.

과연 증험하니라.

未月에 應한 것은 공망을 채웠기 때문이라.(実空)

【 註 22 】 역마는 사주의 역마살을 얘기하는데 안봐도 됩니다. 内卦에서 初爻, 三爻, 외괘에서 四爻, 六爻가 같이 동하는 경우 三合을 거의 이룹니다. 따로 보아 회두극을 맞았다고 보면 안됩니다.

23. 아버님이 갑자기 아픕니다.

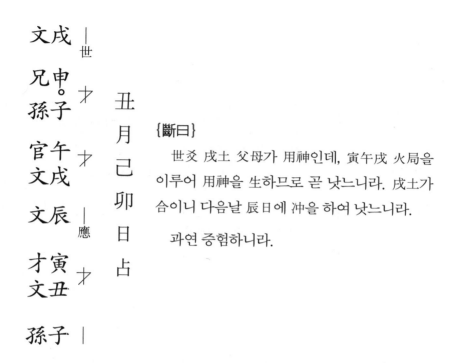

文戌 —
　　世
兄申 ×
孫子
官午 ×
文戌
文辰 —
　　應
才寅 ×
文丑
孫子 |

丑月 己卯 日 占

{斷曰}

　世爻 戌土 父母가 用神인데, 寅午戌 火局을 이루어 用神을 生하므로 곧 낫느니라. 戌土가 습이니 다음날 辰日에 冲을 하여 낫느니라.

　과연 증험하니라.

【 註 23 】 父母爻에 世가 붙어서 아버님 걱정을 많이 하고 있습니다.

24. 숙모가 아픕니다.

```
兄巳 才
才酉 世

孫未 ‖        丑
              月
才酉          戊
孫丑 才        午
              日
官亥 |         占
     應
孫丑 ‖

文卯 |
```

{斷曰}

　卯木 父母爻가 用神인데, 巳酉丑 金局이 剋하는 것이 두려우나 丑土가 공망이므로 旬內에는 괜찮지만 乙丑日에 위험하니라.

　과연 丑日 酉時에 죽었느니라. 丑日에 應한 것은 出旬하는 날이라.

【 註24 】 숙모도 웃어른이라 부모효로 봅니다. 공망은 外出中이라 공망이 풀리는 것은 외출했다가 돌아오는 것입니다.

25. 아들이 언제 돌아오겠습니까?

```
文巳 |

兄未 ‖        未
                月
孫酉 |         戊
      世       申
兄丑 ⫲        日
孫酉           占

官卯 |

文巳 才
兄丑    應
```

{斷曰}

　巳酉丑 金局이 用神인데, 丑土가 月破 당했으므로 立秋 후 甲子日에 돌아오느니라.

　과연 증험하니라. 立秋 후에 應한 것은 申月로 바뀌어 出破한 까닭이며 甲子日에 돌아온 것은 부서졌던 것을 (月破) 合한 연고라.

【 註 25 】 三合이라 孫이 여러 명과 같이 있고, 兄爻가 월파를 만나 친구에게 사고가 생긴 것입니다.

26. 아버지가 언제 돌아오겠습니까?

官寅 |

才子 ∥ 應
孫申

兄戌 ∥
文午

兄辰 |

官寅 | 世

才子 |

巳月 丙申日 占

{斷曰}

　寅木이 暗動하여 寅午戌 用神局을 이루는데, 寅木이 일진에 冲이자 絕이므로 己亥日에 돌아오느니라.

　과연 증험하니라. 이것은 冲中逢合이요, 絕處逢生이라.

【 註 26 】 財가 부모효를 극하므로, 돈이나 여자 문제로 돌아오는 것이 지체됩니다.

27. 탄핵을 받겠습니까?

```
文子
兄卯  ‖
才戌  —  世
官申  ‖
官酉  才丑  —  辰
文亥  —  應
才丑
孫巳  ‖
```

丑月戊辰日占

{斷曰}

　이 괘는 매우 기묘하니라. 世爻가 공망이나 일진이 冲하니 공망이 아니고, 剋을 받지 않으면서 暗動하므로 탄핵하는 말은 없으나 離任은 면치 못하리라.

{彼曰}

　탄핵하는 말이 없는데, 어찌하여 이임하는지요?

{予曰}

　世爻가 暗動하므로 움직이는 상이며, 巳酉丑 金官局이 應을 生하니 그 자리는 남의 것이니라.

　후에 다른 사람이 그 자리에 들어가고 이 사람은 다른 벼슬을 얻으니 보도 듣도 못한 일이라. 나를 아는 것은 오직 神明뿐이라.

【 註27 】 이 괘를 푼 분이 자부심이 대단하네요.

28. 언제 비가 멈추겠습니까?

兄巳 |

孫未 ‖ 應

才酉 |

才酉
孫丑 ✕

官亥 | 世

孫丑
兄巳
文卯 ✕ 伏

巳月甲辰日占

{斷曰}

　옛날 법에 집착하면 父母爻가 伏神이면서 공망이므로, 비가 오지 않고 財나 孫이 動했으므로 날이 맑을 것이라 하리라. 그러나 父母爻가 伏神이자 공망이므로, 巳酉丑 金局의 剋을 피하고 있어 비가 멈추지 않느니라. 卯日을 기다리면 父母爻가 出透, 出空하여 金局의 剋을 받아 비가 멈추느니라.

　과연 그 후 甲寅日까지도 큰 비가 오더니 신기하게도 乙卯日이 되자 날이 청명해졌다.

【 註 28 】 비가 언제 멈추겠습니까? 라고 물어, 문서가 剋을 받아야 비가 멈춥니다. 비가 언제 오겠습니까? 라고 물으면, 문서가 生을 받아야 비가 옵니다.

29. 妻가 낙찰계를 얻겠습니까?

才戌 ⚊⚊ 應
兄寅 應

官申 ⚌⚌
孫午 ╪
才戌

官酉 ⚊ 世

文亥 ⚊

才丑 ⚌⚌

酉月辛卯日占

{斷曰}

　만약 옛날 법을 고집하면 財가 動하고 孫이 生하므로 낙찰계를 얻는다고 할 것이나 이것 역시 그렇지 않느니라. 왜냐하면 應의 財는 재물이 아니라 이웃집 부인이기 때문이고, 寅午戌 火局이 應을 生하면서 世를 剋하기 때문이니라.

　과연 이웃집 부인이 얻었다.

【 註29 】 이 卦는 잘 봐야 합니다. 무조건 財가 用神이라 보고 재가 삼합을 이루어 된다고 하면 안됩니다. 상대편이 있기 때문에 世와 應을 반드시 봐야 합니다.

反吟이 흉함에도 輕重이 있습니까?

{答曰}

　무릇 反吟卦를 얻더라도 用神이 沖剋으로 変하지 않으면 일이 비록 반복하나 성취할 수 있느니라. 제일 꺼리는 것은 用神이 沖剋으로 化하는 것인데 도모하는 일이 되지 않느니라.

30. 관부를 따라서 임지에 가는데 어떻습니까?

才子 ‖ 應

兄戌 ∣

孫申 ‖

官卯 孫酉 ⫫ 辰

文巳 才亥 ⫫

兄未 ‖ 辰

卯月壬申日占

{斷曰}

世가 卯木에 임하여 酉金으로 化해 剋冲하는데 內卦가 爻之反吟이라. 이번 길은 불길하니 가지 않음이 상책이라.

후에 빈자리를 얻었으나 적의 진영과 가까워서 가지 않았는데 나중에 다른 일로 가게 되었다. 7月에 이르러 城이 무너지고 官府一同이 전부 피해를 입었는데, 官과 더불어 같이 피해를 입은 것은 世上의 관귀가 같이 酉金의 冲剋을 받았기 때문이며 가지 않다가 다시 간 것은 內卦가 反吟인 까닭이니라.

【註30】 업(業)에는 정업(定業 : 완전히 정해진 업), 부정업(不定業 : 노력에 따라 달라지는 업)이 있는데, 죽고 살고 하는 일은 정업입니다. 운명입니다.

31. 벼슬이 오르겠습니까?

```
孫酉 ‖
官卯

才亥 ‖      卯      {斷曰}
文巳  應    月          世가 卯木에 임하고 월건도 卯木인데, 官星
                乙      이 일진에 長生이고 世와 더불어 官星이 旺地
兄丑 ‖       亥      에 임하니 벼슬이 오르느니라.
                日          과연 本月에 발령이 나서 강서에서 산동으
兄丑 ‖       占      로 영전하였는데 1년도 못되어 다시 강서로
                        부임하니, 이는 外卦가 反吟인 까닭이니라. (去
官卯 │           而復反)
     世

文巳 │
```

【 註 31 】 반음괘는 무조건 반복하는 것입니다. 내괘가 반음이든 외괘
가 반음이든 간에요.

32. 형수가 다시 병이 재발했습니다.

才寅 才
兄酉

孫子 ‖ 世　　未
文戌 ‖　　　月
才卯 ‖　　　丁
官巳 ‖ 應　　巳
　　　　　　　日
文未 ‖　　　占

{斷曰}

　外卦 艮卦가 坤卦로 변함은 卦之反吟인데, 이는 병이 나았으나 재발함을 나타낸 것이라. 寅木 用神이 酉金으로 化해 회두극을 받고 未月에 入墓하므로 申日에 위험하니라.

　과연 증험하니라.

【 註 32 】 괘지반음은 안봐도 됩니다. 형수는 兄의 財이므로, 財가 형수입니다.

65

33. 그전에 갔던데 가서 물건을 팔려고 합니다.

兄卯 |

孫巳 |

才未 ‖ 應

孫午

才辰 |

兄寅 |

文子 | 世

巳月戊申日占

{斷曰}

　外卦 巽卦가 乾卦로 변하니, 이는 卦之反吟이라. 世도 일진에 長生이고 財도 應(목적지)에 임해 회두생을 받으므로 큰 돈을 벌 수 있으리라.

　후에 이 사람은 세 번 왕복하면서 큰 돈을 벌었다.

【註33】 벌써 應(목적지)에 財를 끼고 회두생이라 무조건 가야 합니다. 여기에서 世子水가 일진의 生을 받아 未土가 尅을 해도 괜찮지만, 일진도 극하면 돈은 많이 벌지만 건강을 상합니다. 본인의 점이면 用神이 따로 있어도 世는 항상 봐야 합니다.

34. 묘자리가 어떤지요?

```
兄卯 才 朱
官酉 世
孫巳 才 靑
文亥
才未 ‖ 玄
官酉 | 白
      應
文亥 | 它
才丑 ‖ 句
```

卯月戊子日占

{斷曰}

世가 穴인데 월건에 임하고 子日의 生을 받는 것은 좋으나 子孫과 더불어 世가 尅冲으로 化하니 그 묘자리를 씀은 不可하니라.

{彼曰}

지관들이 모두 明堂이라고 하여 많은 돈을 치루어 벌써 成事가 되었습니다.

그후 장례를 치루더니 4년이 안되어 자신과 二子一女가 함께 줄이어 죽고 말았다.

【 註 34 】 풍수는 이론으로 되는게 아니라 풍부한 경험으로 되는 것이라 엉터리 지관이 많습니다.

六爻占을 하는 사람은 그 자리에 가지 않아도 그 자리의 형태까지 알 수 있습니다.

伏吟이 흉함에도 輕重이 있습니까?

{答曰}

　伏吟이란 우울하고 신음하는 象이라. 內卦가 伏吟이면 안에서 不利하고 外卦가 伏吟이면 바깥에서 不利하니라. 무릇 모든 占에 여의하지 못하니 動해도 動하지 않음만 같지 못하여 오뇌하고 신음함이라. 명예를 점침에는 오랜 한 관직으로 인하여 벼슬이 오르지 않고, 이익을 점침에는 본전까지도 잃게 되고, 산소점 및 택사점에는 이사하려고 하나 하지 못하며, 이사하지 않으면 않는 데로 不利하고, 오래된 病에 신음하고, 혼인은 성취되기 어렵고, 관공서를 상대로 하는 일은 복잡하기만 하고, 出行에는 막힘이 많고, 行人을 묻는 데는 바깥에서 우울함이 두렵고, 피차의 힘을 점침에는 內卦는 즉 내 마음대로 안되고, 外卦는 즉 남의 마음이 편안치 않느니라.

　吉凶을 묻고자 하면 用神이 生을 받느냐 剋을 받느냐를 연구하고, 禍福을 알고자 하면 모름지기 用神, 忌神, 伏吟을 자세히 살피라.

35. 적군이 쳐들어 왔는데, 어느 곳으로 피해야 하는지요?

```
才戌   才
才戌
官申   才
官申
孫午  ─
         世
才辰   ‖
才辰
兄寅   ‖
兄寅
文子  ─
         應
```

申月己卯日占

{斷曰}

　內外卦가 伏吟이니 답답하고 우울함이 아직 풀리지 않았는데 기쁜 것은 世爻 午火 子孫이 자기이며 應爻 子水 父母가 부모님인데 월건이 應을 生하고 日辰이 世를 生하며 世應이 안정하니 당신과 부모는 괜찮으니라. 그러나 寅木 형제 爻가 伏吟이고 月破므로 아우에게 厄이 있음이라.

{彼曰}

　부모님이 西方에 계신데 괜찮겠습니까?

{答曰}

　서방은 金에 속하여 父母爻를 生扶하니 만에 하나라도 근심이 있을까 의심하지 말라. 당신 자신은 東方으로 피하라. 東方木은 능히 生火하니 형제, 처, 노복이 모두 당신을 좇아 피하면 子孫持世므로 가히 몸을 보전할 수 있느니라.

　그 후 식구들을 데리고 동쪽으로 갔는데 나중에 다시와서 엎드려 말하기를, 다들 괜찮았는데 동생이 부모님이 걱정이 되어 찾아가다가 중도에서 害를 만났다고 하더라.

【 註 35 】 이런 경우도 用神이 하나가 아니고 用神이 여러 개입니다. 六爻는 묻는 데로 應事합니다.

36. 집안이 편안한지요? (外地에서 물음)

才戌 |

官申 |

孫午 | 世

才辰 ⫴
才辰

兄寅 ⫴
兄寅

文子 |
° 應

寅月己卯日占

{斷曰}

　內卦가 집안인데 伏吟이니 変이 있을까 두려우니라.

{彼曰}

　어떤 일일까요?

{答曰}

　寅月 卯日이 辰土財爻를 剋하므로 처, 첩, 노복의 일에 두려움이 있느니라.

【 註 36 】 이렇게 물은면, 한 번 더 占쳐야 합니다.

37. 그럼 妻에게 무슨 일이 있는지요? (한번 더 점을 침)

```
才戌  ‖
才戌  ‖
官申  ‖
官申  ‖        寅
              月
孫午  │        己
        應    卯
              日
兄卯  ‖        占
孫巳  ‖
才未  ‖
        世
```

{斷曰}

　戌土 財爻가 또한 伏吟이며, 月日이 서로 剋하니 부인에게 필시 大厄이 있음이라.

{彼曰}

　언제 그렇습니까?

　일진이 戌土를 합하므로, 비록 寅卯木이 다 剋하더라도 무방하나 辰月이 바뀌어 들며 伏吟이 또한 月沖을 만나면 필시 어려운 징조라.

　과연 3월에 그 妻가 세상을 떴느니라.

【 註 37 】 복음卦라도 用神이 生을 받으면 괜찮습니다.

제7문

爻가 공망을 맞았으면 吉凶을 어떻게 판단하는지요?

{答曰}

生이 없고 剋만 있으면 凶하고, 生이 있고 剋이 없으면 때를 기다려 作用할 수 있느니라.

用神, 原神爻가 공망이면 凶하고, 忌神, 仇神爻가 공망이면 吉하니라.

※ 공망은 사주에서는 안보지만 육효에서는 중요합니다.

38. 돈이 언제 들어오겠습니까?

兄卯 |
　　應

孫巳 |　　巳
　　　　月
才未 ||　戊
　　　　戌
才辰 ||　日
　　世　占
兄寅 ||

文子 |

{斷曰}

辰土 財爻가 持世하여 공망이나 戌日이 冲하니 冲起하여 오늘 얻을 수 있음이니, 과연 증험하니라.

당일에 應한 것은 戌日이 또한 財星인데, 나를 冲했고 공망을 冲하여 쓸 수 있었기 때문이라.

【 註10 】 世가 財를 끼고 공망이라 정말 돈이 없네요.

39. 貴人을 만나 재물을 구할 수 있겠습니까?

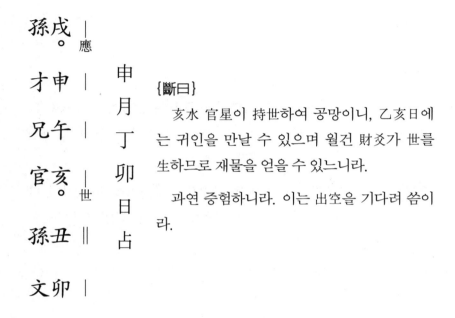

孫戌 ⦁ 應

才申 |

兄午 |

官亥 ⦁ 世

孫丑 ‖

文卯 |

申月丁卯日占

{斷曰}

亥水 官星이 持世하여 공망이니, 乙亥日에는 귀인을 만날 수 있으며 월건 財爻가 世를 生하므로 재물을 얻을 수 있느니라.

과연 증험하니라. 이는 出空을 기다려 씀이라.

【 註 39 】 이 괘는 중요합니다. 잘 기억해둬야 합니다. 이 괘는 用神이 두 개입니다. 官爻와 財爻가 용신입니다. 官은 살아있는데 財가 죽어있다면 그 사람이 돈이 없는 것이고, 반대로 官은 죽어있고 財는 살아있다면 그 사람이 돈을 안빌려 줍니다.

40. 어떤 규수와 혼인할 수 있겠는지요?

才戌 ⚋ 應

孫巳

官申 ⚋

孫午 ⚊

官酉 ⚊ 世

文亥 ⚊

才丑 ⚋

子月癸酉日占

{斷曰}

世는 官이요, 應은 財니 得地했다고 말할 수 있는데, 지금 戌土 財爻가 공망이나 巳火로 변화하여 회두생을 받으므로 내일 구혼하면 반드시 허락이 있을 것이라.

과연 다음날 巳時에 혼인을 허락받았다.

【 註40 】 財의 변화가 孫이라 임신했다고 볼 수 있고, 그 여자가 동했으므로 여자가 훨씬 적극적입니다.

41. 언제 재물을 얻을 수 있겠습니까?

兄卯 |

孫巳 |。   未   {斷曰}
               月   財爻에 未月이 아우르니 이달 내에는 얻을
才未 ‖   庚   수 있는데, 辰土 財爻가 공망이므로 辰日에 得
     應   子   財하니라.
才辰 |。   日   과연 증험하니라. 이는 未土는 不空이므로,
               占   버리고 辰土는 空亡이므로 辰土로 應한 것이
兄寅 | 니라.

文子 |
     世

【 註 41 】 단순히 돈을 물었으므로, 財가 용신입니다.

42. 아들이 아픕니다.

```
才未 ‖

官酉 |        酉
                月
文亥 |        壬    {斷曰}
孫午 ○  世      辰      午火 子孫이 亥水 아래 은복해 있는데, 亥水
        伏      日    가 월건의 生을 받아 午火를 剋하지만 당장은
官酉 |        占    用神이 공망이므로 그 剋을 피하고 있느니라.
                        그러나 甲午日에는 위험하니라.
文亥 |                    과연 午日 午時에 운명하였다.

才丑 ‖ 應
```

【 註 42 】 孫이 世爻 亥水 비신(飛神) 밑에 숨어 있으므로 부모 밑에 엎
드려 있습니다. 누가 복신이 되어 있으면, 위의 비신 밑에 있는 것입니다.
복신이라도 생을 받으면 됩니다. 좀 답답하지만~

43. 동생이 호수에 빠져 죽었는데 시신을 찾을 수 있습니까?

```
孫酉  ‖
才亥  ‖
兄丑  ‖ 應
兄辰  ‖
官寅  ‖ 。
才子  | 世
```

子月乙巳日占

{斷曰}

　시신을 점침에는 鬼爻로 用神을 삼는데, 지금 寅木 鬼爻가 공망이며 得令한 亥水가 暗動하여 鬼爻를 合하니 확실히 시신이 깊은 물속에 잠겨 있음이라.

　寅木이 공망이고 合을 당했으므로 필히 出旬하고 冲을 만나는 날을 기다려야 하는데, 庚申日에 가히 볼 수 있으리라. 그런데 庚申日에 시신을 찾지 못하고 丑月 甲子旬 壬申日에 시신이 물에 떠서 찾았는데, 이것은 어찌된 일인가?

　寅木 官鬼는 出旬했으나 亥水가 太旺한데, 丑月로 바뀌어 丑土가 制水하고 甲子旬에는 亥水가 공망을 만나 물이 줄어듦이라. 木이 물 가운데 있어 冲하지 않으면 일어나지 않으므로 甲子旬 壬申日에 應事한 것이니라. 이것이 어찌 神의 기묘한 알림이 아니겠느뇨.

【 註 43 】 죽었으면 부모님이라도 귀신, 官鬼입니다. 이 괘는 현실도 잘 감안하여 봐야 합니다.

44. 어떤 사람을 기다리는데 언제 오겠는지요?

孫子 ‖

文戌 │　未

兄申 ‖　月
　　世　戊

兄申 │　戌

官午 ‖　日

文辰 ‖　占
　○應

{斷曰}

　무릇 친한 친구를 점침에는 兄弟로 用神을 삼으나, 지금 占은 친구가 아닌 남이니 마땅히 應爻로 用神을 삼느니라. 應爻가 공망이므로, 甲辰日을 기다리면 오느니라. 과연 증험하니라.

【 註 44 】 몇 번 본 사람을 兄으로 봐야 하나, 應으로 봐야 하나 이 문제로 많은 분들이 헷갈려 합니다. 이것은 묻는 사람의 마음에 달려 있습니다. 몇 번 밖에 안봤지만 친밀감이 있으면 兄爻요, 그저 그러면 應爻입니다.

45. 언제 비가 오겠습니까?

```
文戌 ‖
兄申
兄酉 ⫍        未
官午 |   世    月
              甲
兄申 |        辰
              日
官午 ‖        占
文辰 ⫍
才卯。  應
```

{斷曰}

辰土 父母爻가 用神인데, 월건과 일진이 아우르므로 말할 수 없이 旺 하여 비가 오면 결코 적지 않으리라. 마땅치 않은 것은 卯木으로 化하여 공망이고 회두극을 당함이라.

申金이 酉金으로 化하여 進神이므로 木을 剋하여 土를 구하지만 卯木이 공망이라 그 剋을 피하고 있느니라.

甲寅旬 乙卯日에 이르르면 出旬直日하여 金의 剋을 받아 비가 오리라. 기약한 날에 이르러 비가 오지 않았는데 立秋 후 辛酉日 申時에 이르러 바야흐로 비가 왔는데, 이것은 어찌된 일인가?

그것은 申이 酉로 化한 것이라. 즉 申月 酉日이라. 또한 卯木이 出旬直日 하였더라도 剋을 받음이 부진하지만 申月이 卯木을 剋하고 酉日이 剋冲하여 비가 온 것이니라. 이 卦로 인하여 학문이 진일보 했느니라.

【 註 45 】 변효(變爻)는 결과를 나타내는 경우가 종종 있습니다.

제8문

月破를 당하면 도저히 쓸 쑤 없는지요?

{答曰}

　月破를 만났어도 生이 있으면 出破, 塡実, 合으로 月破를 치료하
여 吉하니라. 그러나 다시 尅을 받으면 凶하니라.

46. 관청의 벌을 받게 될까요?

孫酉 ‖ _應

才亥 ‖　戌

兄丑 ‖　月　{斷曰}

兄辰 ｜ _世　丁　　六合卦이므로 官事에는 필히 심문이 있음
　　　　　　卯　인데, 世爻가 月破를 만나고 일진의 剋을 받으
官寅 ｜　日　므로 벌을 받게 됨은 의심할 바 없느니라. 후
　　　　　　占　에 곤장을 맞았느니라.
才子 ｜

【 註 46 】 좋은 일에는 六合卦가 좋고, 흉한 일에는 六冲卦가 좋습니다.
일이 흩어져야 하므로~

　六合이니 六冲이니 하더라도 用神이 生을 받아야 합니다.

47. 장차 벼슬을 하겠습니까?

```
文未 ⫲世
文戌 │
兄酉 │        亥
孫亥 │        月
文丑 ⫘應      己
才卯 │        丑
官巳 ⫰        日
才寅           占
```

{斷曰}

未土 父母爻가 持世하여 進神인데, 未土가 비록 공망이나 일진이 沖하므로 공망을 벗었느니라. 巳火 官星이 회두생을 받아 動하여 世를 生하므로 벼슬길에 오를 수 있느니라.

{彼曰}

몇 년 정도 있어야 합니까?

{答曰}

巳年을 기다리라.

과연 巳年에 벼슬을 했는데, 実破한 해에 應했음이라.

【 註47 】 世가 문서를 끼고 진신(進神)이므로 공부 실력이 있는 것이고, 동했으므로 적극적인 것입니다.

48. 아들이 아픕니다.

```
官寅 │
     世

才子 ‖        寅   {斷曰}
                月       申金 子孫이 月破를 만났는데, 일진 午爻의
兄戌 ‖        甲   剋을 받고 회두극까지 받으니 有剋無生이라.
                午   가급적 빨리 집에 돌아가라. 당신 자식이 죽느
孫申 才        日   니라.
文午 應   占      이 사람이 집에 도착하기도 전에 자식이 죽
文午              었다는 소리를 들었다.
兄辰 ⚊
文午
兄辰 ‖
```

【 註48 】 회두극은 무섭습니다. 반대로 회두생은 무척 좋습니다.

49. 어떤 집으로 이사하는데 吉凶이 어떤지요?

```
官未 ‖
文酉 ｜          申
                月
兄亥 ｜世        辛
                卯
兄亥 ｜伏        日
才午              占
官丑 ‖
孫寅
孫卯 ｜應
```

{斷曰}

　월건이 世爻를 生하고 酉金이 暗動하여 生하므로 당신 자신은 괜찮으나 寅木 子孫이 月破를 만나고 酉金의 剋을 받으니 子孫이 不吉하니라.

　後에 그 집으로 이사했는데 보름도 안돼 그 자식이 천연두로 죽고 말았다. 그 사람이 다시 와서 말하기를, "이제는 이 집에 계속 살아도 괜찮겠습니까?"

{余曰}

　마땅히 다시 점쳐 결단을 내려야 하리라.

【 註 49 】 이 경우도 用神이 여러 개입니다. 부모님을 모시고 있으면 父母爻도 봐야 하고, 형제도 있으면 兄弟爻도 봐야 합니다.

用神이 伏神인 경우 得出(吉)과 不得出(凶)은 어떻게 論하는 것입니까?

{答曰}

伏神이 得出되는 경우는 다음과 같다.

① 日, 月이 生하거나 아우를 때.

② 飛神이 生扶하거나 動爻가 生扶할 때.

③ 日, 月, 動爻가 飛神을 冲剋할 때.

④ 飛神이 空, 破, 休囚이거나 일진에 墓絶일 때 이 네 가지는 쓸 수 있는 伏神이라.

伏神이 不得出되는 경우도 네 가지가 있음이니

① 休囚하여 無氣하고 日月이 剋할 때.

② 飛神이 旺相하거나, 日月이 飛申을 生助하거나, 伏神을 剋害할 때.

③ 伏神이 日月 및 飛神에 墓, 絶일 때.

④ 伏神이 休囚하고 겸해서 공망, 월파일 때 이 네 가지는 쓸 수 없는 伏神이며 비록 있으나 없는 것과 같아 종내는 不得出이라.

50. 문서를 기다리는데 어느 날 받겠습니까?

官寅 |

才子 ‖

兄戌 ‖ 應

才亥 |

兄丑 ‖
文午。 伏

官卯 |
世

卯
月
壬
辰
日
占

{斷曰}

　午火 文書가 用神인데, 二爻 丑土 아래 은복하고 공망을 만났으나 甲午日에 出空하면 반드시 받을 수 있느니라.

　과연 증험하니라. 이렇게 應한 것은 出旬한 날이라.

【 註 50 】 문서를 형제나 친구가 갖고 있네요.

51. 하인이 도망갔는데 잡을 수 있겠습니까?

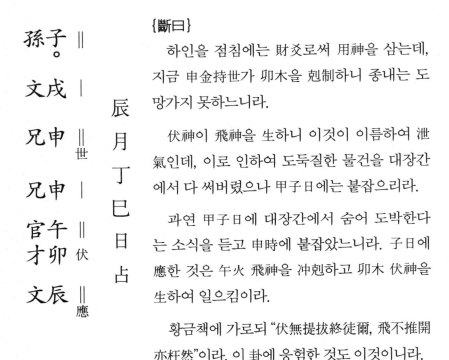

孫子 ‖
文戌 ∣
兄申 ‖ 世
兄申 ∣
官午 ‖ 伏
才卯
文辰 ‖ 應

辰月丁巳日占

{斷曰}

하인을 점침에는 財爻로써 用神을 삼는데, 지금 申金持世가 卯木을 剋制하니 종내는 도망가지 못하느니라.

伏神이 飛神을 生하니 이것이 이름하여 泄氣인데, 이로 인하여 도둑질한 물건을 대장간에서 다 써버렸으나 甲子日에는 붙잡으리라.

과연 甲子日에 대장간에서 숨어 도박한다는 소식을 듣고 申時에 붙잡았느니라. 子日에 應한 것은 午火 飛神을 冲剋하고 卯木 伏神을 生하여 일으킴이라.

황금책에 가로되 "伏無提拔終徒爾, 飛不推開亦枉然"이라, 이 卦에 응험한 것도 이것이니라.

【 註51 】 옛날에는 하인을 財로 봤지만 지금은 兄爻나 孫爻로 봅니다. 하인이 午火 밑에 숨어있어 대장간으로 통변합니다. 불이 있으므로~

52. 子病?

官酉 ‖

文亥 ‖

才丑 ‖ 世
孫午 伏

官酉 |

文亥 |

才丑 ‖ 應

酉月丙辰日占

{斷曰}

　午火 子孫이 世爻 丑土 아래 은복했는데, 丑土가 공망이므로 바깥으로 나오기 쉬우니라. 午日(戊午日)에 반드시 낫느니라.

　과연 증험하니라.

【 註52 】 부모님 밑에 엎드려 있네요.

53. 父病?

孫酉 ‖

才亥 ‖

兄丑 ‖ 應

兄辰 ‖

官寅 ‖ 文巳 伏

才子 │ 世

卯月丙辰日占

{斷曰}
　巳火 父母가 二爻 寅木 아래 隱伏 했는데 飛神이 伏神을 生하니 伏神이 長生을 만나 다음 날(巳日)에 낫느니라.
　과연 증험하니라.

【 註53 】 부모효가 官鬼 밑에 엎드려 있습니다. 병이 있는 것을 나타내고 있습니다.

54. 뽕나무 잎의 가격이 언제 좋은지요?

```
兄子 ‖ 應
官戌 ∣
文申 ‖       辰
兄亥 ∣ 世     月
才午   伏     庚
官丑 ‖       申
孫卯 ∣       日
              占
```

{斷曰}

　午火 財가 亥水 아래 隱伏해 있는데, 亥水가 申金의 生을 받아 用神을 剋하므로 지금의 가격은 낮으니라.

　옆에 있던 사람이 말하기를, "현재 가격이 三錢인데 괜찮은 시세인데요."

{予曰}

　앞으로 더 오른다는 얘기이니라.

{彼曰}

　그러면 시세가 언제 좋은지요?

{答曰}

　甲子旬으로 바뀌어 亥水가 공망을 만나고 己巳, 庚午日이 되면 伏神이 바깥으로 나와 값이 좋으나 甲戌旬으로 바뀌면 亥水가 出旬하므로 午火 財爻는 영영 일어나지 못하여 값이 점점 떨어지느니라.

　과연 증험하니라.

【註54】이 괘를 빌어 주식 가격을 알 수 있습니다. 언제 가격이 오르고 떨어질지를 일진까지 알 수 있지만, 주식은 복잡해서 월은 알 수 있으나 일진까지는 응사하지 않습니다.

　제 경우는 그렇지만 공부하는 분들은 일진까지 대조해 보시지요.

55. 病이 들었는데 어떤 鬼神 때문인가요?

兄卯 |

孫巳 |

才未 ‖ 應

才辰 |
官酉 伏

兄寅 |

文子 | 世

寅月戊辰日占

{斷曰}

　무릇 귀신을 占침에는 鬼爻로 用神을 삼는데, 지금 官鬼가 辰土 아래 隱伏하여 飛神과 합하고 다시 일진과 합하니 생각건대, 伏神이 합한 것은 숨어있는 象이며, 또한 酉金은 正氣之神이고 三爻는 房室이므로 단정하여 말하건대, 당신 집 방에 神象이 감추어져 있는데 동토가 났음이라.

{彼曰}

　仙哉시라.

　과연 관세음보살 족자가 부엌에 있었는데 절로 보내고 나서 병이 즉시 나았느니라. 7月 庚辰日에도 역시 이 괘를 얻었는데 전과 같이 판단하니.

{彼曰}

　銅으로 만든 達摩祖師象이 궤속에 있습니다. 그 후 역시 그 象을 절로 보내게 하여서 病을 낫게 하였느니라.

【 註 55 】 귀신이 어떤 귀신인지도 알 수 있습니다. 귀신에 의한 재앙인지도 알 수 있습니다.

進神과 退神은 吉凶을 어떻게 論하는지요?

{答曰}

吉神이면 化하여 나아감(進)이 마땅하고, 忌神이면 化하여 물러감
(退)이 마땅하니라.

나아가는 法에 세 가지가 있으니
 ① 旺相하면 세력을 타고 나아가며,
 ② 休囚하면 때를 기다려 나아가며,
 ③ 動爻나 変爻가 空破冲合이면 塡補合冲하는 날을 기다리느
  니라.

물러가는 法에도 역시 세 가지가 있으니
 ① 旺相하거나 혹은 日月 및 動爻가 生扶하면 近事에는 잠시 不
  退하고,
 ② 休囚하면 즉시 물러나고,
 ③ 動爻가 変爻가 空破冲合이면 塡補合冲하는 날을 기다리느
  니라.

56. 鄕試?

才戌 ‖ 應

官申 ‖
官酉 ‖

孫午 ∣

官酉 ∣ 世

文亥 ∣

才丑 ‖

申月
癸卯
日
占

{斷曰}

　酉金 官星이 持世하고 일진이 冲하여 暗動하며, 또한 五爻 官星이 進神으로 아우르니 가을 시험에 합격하고 내년 봄에 향시에 수석하는 것이 정해진 占이라.

　과연 증험하니라.

　化하여 進神인 것은 가을이며, 향시에 오른 것은 辰年이 冲而逢合했기 때문이라.

【註56】 진신(進神)은 회두생처럼 좋고, 퇴신(退神)은 회두극처럼 흉합니다.

57. 언제 자식을 얻겠습니까?

兄子 ‖

官戌 │
    應

文申 ‖

官辰 ‖

孫寅 ⚋
孫卯 ⚋
    世

兄子 │

酉月庚戌日占

{斷曰}

　寅木 子孫이 持世하여 進神인데, 寅卯木이 공망이고 卯木은 月破까지 만났으므로 寅年 卯月에 妻妾이 二子를 낳으리라.

　과연 증험하니라.

　卯木이 비록 月破를 만났지만 일진이 合하여 補헀는데, 이는 休囚하며 때를 기다려 씀이라.

【 註57 】 世에 孫이 임해 진신이므로 자식을 얻습니다.

95

58. 혼인이 되겠습니까?

```
孫巳 ✕
文子

才未 〢 世
才戌 。

官酉 ✕
官申

才辰 ‖

兄寅 ‖ 應

文子 ✕
才未
```

卯月乙丑日占

{斷曰}

　財爻 持世가 進神인데, 巳火 子孫이 動하여 世를 生하므로 吉하니라. 그런데 世爻 未土가 沖散이고, 巳火 原神이 회두극을 받으므로 午日을 기다리면 혼인을 허락받을 수 있느니라.

　과연 증험하니라. 비록 間爻 酉金 官鬼가 動했으나 月破에 退神이므로 상관없느니라.

【 註 58 】 世에 財가 임해 진신이라 혼인은 되고, 서로 사랑하는 사이입니다. 孫이 회두극이라 자식 실패를 봤습니다.

59. 탄핵을 받았는데 어떻게 될런지요?

文酉 ‖
應

兄亥 ‖

官丑 ‖

才午 ⫴
兄亥　世

官辰 ⫼
官丑

孫寅 ⫼
孫卯

酉月甲辰日占

{斷曰}

世는 회두극 받고 官星은 退神이며, 子孫이 進神이므로 內卦 三爻는 모두 길조가 아니니라.

과연 다음 해 2月에 문책 받았는데, 卯月에 應한 것은 子孫이 出空하고 塡実한 달이라.

【 註 59 】 官星이 퇴신이라 벼슬에서 물러나고, 世가 회두극이라 벌까지 받습니다.

冲中逢合과 合處逢冲은 어떻게 단정하는지요?

{答曰}

　합이란 모이는 것이며, 冲이란 흩어지는 것이니,

　冲中逢合이면 先散後聚며, 先失後得이며, 先淡後濃이니라.

　合處逢冲은 아위 반대니라.

　※ 11문은 볼 게 없습니다.

60. 객지에 나가 장사를 하면 어떻겠습니까?

```
才戌 ‖
    應

官申 ‖     午
           月
孫午 |      丙
           辰
官酉        日
兄卯   才   占
      世

文亥   才
孫巳

才丑 ‖
   ⚬  辰
```

{斷曰}

　　世上의 酉金이 化卯木하여 相冲하니 이른
바 反吟卦라. 卯木이 酉金을 剋하지는 못하지
만 冲을 하는데, 일진 辰土가 酉金을 합하니
이것이 冲中逢合이라. 또 変卦가 六合이고 戌
土 財爻가 暗動하여 世를 生하므로 반복하여
돈을 벌 수 있느니라.

　　과연 증험하니라.

【 註60 】 충중봉합이니, 합처봉충이니 하는 것은 볼 것이 없고 용신만
生을 받으면 됩니다.

99

61. 혼인이 성사되겠습니까?

文戌 | _辰

兄申 |

官午 |

才卯 ‖ _世

官巳 ‖

文未 ‖

辰月丁酉日占

{斷曰}
六合卦를 얻으니 혼인에는 마땅하지만 지금 世가 일진의 冲을 당하고 應爻는 月破이므로 이른바 合處逢冲이라. 不吉하니라.

{彼曰}
사주를 보내 왔는데, 궁합을 보니 좋다고 하던데

{答曰}
누차 점쳐 누누이 얻는 경험이라 감히 이렇게 단정하는 것이니라.

本月에 본인이 큰 病을 얻고, 未月에 財가 入墓하여 그 여자도 병들어 죽었다.

【 註61 】 사주로 궁합이 좋고 나쁨을 정확히 맞추는 일은 있을 수 없고, 저같은 경우는 궁합도 육효로 봅니다.

62. 어떤 사람에게 돈을 빌리려 합니다.

兄巳 |

孫未 ‖

才酉 | 應

才申 |

兄午 ‖

孫辰 ‖ 世

卯月乙卯日占

{斷曰}

이 卦는 世와 應이 相生하고 六合卦이니 바라는 것을 가히 성취할 수 있으나, 마땅치 못한 것은 卯月日이 應 위의 酉金財爻를 冲하므로 남의 돈과는 인연이 없느니라.

{彼曰}

내일 가기로 약속이 돼있는데요.

다음날 갔는데 의논은 이루어졌으나 壬戌日에 이르러 의논이 바뀌어 결국 돈을 빌리지 못했다. 다음날 의논이 된 것은 辰日이 應을 合했기 때문이고, 戌日에 말이 달라진 것은 世가 역시 冲을 만났기 때문이니, 이것이 合處逢冲이니라.

【 註62 】 이 경우도 應과 財를 봐야 합니다. 용신이 두 개입니다. 이런 괘상은 외워두세요.

63. 형이 아픕니다.

官巳 |

文未 ‖

兄酉 |
　　　世

才卯 ‖

官巳 ‖

文未 ‖
　　　應

寅
月
戊
辰
日
占

{斷曰}

酉金 형제가 用神인데, 일진이 用神을 生合하니 내일 卯月로 바뀌면 낫느니라.

과연 증험하니라. 이도 역시 合處逢冲이니라.

【 註63 】 합처봉충이라 난 것이 아니고 용신이 生을 받아 난 것입니다.

제12문

長生, 墓, 絕의 내용은 무엇입니까?

{答曰}

　　長生, 墓, 絶에는 세 가지가 있으니

　　① 일진에 長生, 墓, 絶

　　② 飛神에 長生, 墓, 絶

　　③ 変爻에 長生, 墓, 絶

　　忌神이 長生을 만나면 禍가 적지 않게 오고, 用神이 墓, 絶이라도 救함이 있으면 凶함이 없느니라.

　　단정하는 法은 이와 같으나 活変은 사람에게 달렸느니라.

　　(定法如是 活変在人)

64. 애가 무사히 태어나겠습니까?

才寅 ｜ 朱

孫子 ⚊⚊ 靑
官巳 世

文戌 ‖ 玄

才卯 ‖ 白

官巳 ‖ 它
應

文丒 ‖ 句

寅月 戊子日 占

{斷曰}

　子水 子孫이 巳火로 化하여 絶宮에 들므로 本日 巳時에 출생하여 죽느니라.

　옆에 있던 易을 아는 사람이 曰.
　靑龍이 자손에 임했는데, 어찌 흉한지요?

{予曰}

　기다려 보라. 증험하리라.

　후에 이 사람이 또 묻기를,
　"用神이 일진과 아우르고 靑龍이 붙었는데 어떻게 神斷을 내렸습니까?"

{答曰}

　일진 자손은 今日이며 巳時는 今時라. 출생하여 죽은 것은 吉神이 化絶하고 化鬼했기 때문이라.

【註64】육수(六獸)는 성정(性情)을 나타내는 것이고, 길흉은 生, 剋으로 봐야 합니다.

65. 子病?

官卯 │
　　　應

文巳 │　　子
　　　　月
兄未 ∥　　辛
　　　　未
孫申 ╳　　日
兄丑 ∥　　占
　　世

文午 ∥
官卯 ∥
兄辰 ∥
文巳

{斷曰}

　申金 子孫이 持世하여 変爻 丑土에 入墓했는데, 未日이 冲開하고 일진과 더불어 辰土가 申金을 生하니 오늘 오후에 낫느니라.

　과연 증험하니라.

【註65】金과 丑土의 관계도 잘봐야 합니다. 이것이 土生金이냐, 金이 丑土에 입묘(入墓)냐 하는 것은 상황에 따라 달라지므로 잘 봐야 합니다.

66. 자식이 楚에 살고 있는데, 언제 돌아오겠습니까?

官寅 ○ │ 應
才子 ‖
兄戌 ‖
兄丑 │ 世
孫申 伏
官卯 │
文巳 │

申月癸丑日占

{斷曰}

申金 子孫이 世爻 丑土 墓庫 아래 隱伏해 있는 것도 마땅치 않은데, 어찌 또 일진에 入墓해서야 쓰겠는가?

令郞이 大患이 있을까 두려우니라.

{彼曰}

8月에 온다고 소식이 와서 언제쯤 오겠는가를 점치는 것인데요.

{予曰}

이 卦는 돌아오기 어려우니라.

이에 숙부가 말하기를, 조카가 外地에서 편안하게 있는지를 점친 卦象이 저에게 있습니다.

【 註66 】 이 괘를 본 분은 申金이 丑土에 入墓해 凶하다고 본 것입니다.

67. 조카가 外地에서 편안하게 있는지?

```
才戌 |
官申   才
文子
孫午   才
才戌   世
才辰 ||
兄寅 ||
文子 |
     應
```

申月 癸丑日 占

{斷曰}

　　前卦는 자손이 伏神으로 入墓했고, 이 卦는 나타나 化하여 入墓했느니라. 더욱이 寅木 原神은 공망에 月破고 申金官鬼 도로에 임하여 발동하니, 兩卦를 아울러 보건대 상서롭지 못한 징조라.

{彼曰}

　　사실은 5月에 長江에서 배가 뒤집혀 죽었다는 소식을 이미 들었으나 卦理에 밝으시다는 말을 듣고 찾아뵌 것입니다.

　　아~ 易이여!

【 註67 】이 괘가 더 정확합니다. 5爻는 도로, 길이기 때문입니다. 그렇기 때문에 몇십 년 육효를 한 사람과 몇 달밖에 공부 안한 분이 있는데, 몇 달 공부한 분이 괘를 더 잘 얻는 경우가 흔히 있습니다.

68. 시누이가 아픕니다.

文未 ‖
  應

兄酉 │

孫亥 ⚊╱
兄申

兄申 │
  世

官午 ‖

文辰 ‖

亥月丙寅日占

{斷曰}
　시누이는 남편의 여형제니 官爻로 用神을 삼는데, 午火 官爻가 일진에 長生이나 亥水가 회두생을 받아 剋하므로 乙亥日에 위험하니라.
　과연 증험하니라. 亥水가 공망인데, 実空한 날에 應한 것이라.

【註68】 시누이는 남편의 형제이므로 官爻가 用神입니다. 올케는 형제의 처이므로 財爻가 용신입니다

69. 올케가 출산하는데 무사하겠는지요?

```
文未 ‖          {斷曰}
                    弟婦를 묻는 것이므로, 財爻로 用神을 삼느
兄酉 ‖          니라. 지금 寅木 財爻가 未日에 入墓하니 현재
       卯      病이 있음이라. 그러나 亥水가 회두생을 받아
孫亥 才  月    財爻를 生合하므로 무사히 출산하리라.
兄申 應  乙    {彼曰}
官午 ‖   未        언제쯤 낳겠는지요?
       日
文辰 │   占    {答曰}
                    亥水가 寅木을 合하므로, 다음날(申日) 출
才寅 ‖          산하리라.
   世
                    과연 다음날 출산하고 母子가 平安하였으
                며 오래된 病도 전부 나았느니라.
```

【 註69 】 孫도 회두생이라 자식도 건강합니다.

70. 간신을 탄핵하려 합니다.

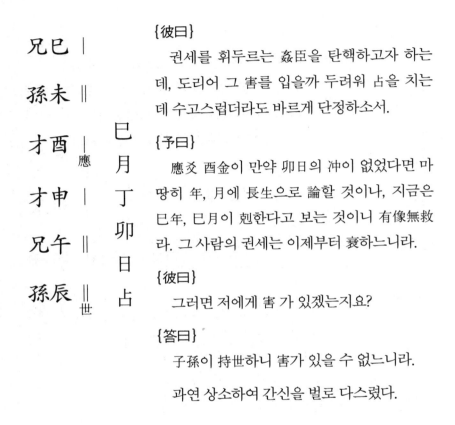

兄巳 |

孫未 ||

才酉 | 應

才申 |

兄午 ||

孫辰 || 世

巳月 丁卯日 占

{彼曰}

권세를 휘두르는 姦臣을 탄핵하고자 하는데, 도리어 그 害를 입을까 두려워 占을 치는데 수고스럽더라도 바르게 단정하소서.

{予曰}

應爻 酉金이 만약 卯日의 沖이 없었다면 마땅히 年, 月에 長生으로 論할 것이나, 지금은 巳年, 巳月이 剋한다고 보는 것이니 有像無救라. 그 사람의 권세는 이제부터 衰하느니라.

{彼曰}

그러면 저에게 害 가 있겠는지요?

{答曰}

子孫이 持世하니 害가 있을 수 없느니라.

과연 상소하여 간신을 벌로 다스렸다.

【註70】 金과 巳火의 관계도 잘 봐야 합니다. 巳火가 火剋金 하느냐, 金의 長生이냐를 잘 봐야 합니다.

71. 軍糧을 잃었는데 탄핵을 받겠습니까?

```
官戌 ∦
才巳

文申 ‖
   世
才午 │

兄亥 │

官丑 ‖
   應
孫卯 ╴
官辰
```

未月 戌申日占

{斷曰}

월건과 일진이 모두 世를 도우며, 戌土가 動하여 生하므로 官位를 보전할 수 있느니라.

여러 사람은 그렇지 않다고 했는데, 功을 세워 탄핵을 면하게 되었다.

한 사람이 말하기를, "卯木 子孫이 動했는데 어찌 장애가 없었는지요?"

{予曰}

卯木이 日辰에 絶하고 월건에 入墓했는데, 어찌 장애가 있으리요?

【 註71 】 六爻는 정말 신기하고 신기합니다.

111

72. 좋은 묘자리를 찾습니다.

```
官未 ‖
文酉 |
兄亥 㐅 世
文申 世
兄亥 |
官丑 ‖
孫卯 | 應
```

卯月壬寅日占

{斷曰}

世爻 亥水가 申金의 회두생을 받아 旺한데 마땅치 않은 것은 寅日이 申金을 冲하는 것이라. 가을을 기다리면 吉地를 얻을 수 있으며, 申金으로 化하여 申金의 生을 받으니 그곳은 서남방이니라.

과연 7月에 吉地를 얻어 장사 지낸 후 三子가 다 科甲에 올랐느니라.

한 사람이 나에게 묻기를, "申金이 冲을 만났으니 合하는 巳月로 단정하는 것이 아닌지요?"

{予曰}

巳火가 申金을 合하기는 하지만 世爻 亥水를 冲하므로 巳月로 단정하지 않은 것이라.

【 註 72 】 풍수에서는 世가 혈(穴)입니다.

六沖, 六合은 어떻게 단정하는지요?

{答曰}

　六沖卦가 일진과 서로 合하거나 變爻와 合하면 이른바
沖中逢合이고,
六合卦가 일진과 서로 沖하거나 變爻와 沖하면 이른바
合處逢沖이라.

　忌神을 沖하고 用神을 合하면 去殺留思이니 모두 吉하며,
用神을 沖하고 忌神을 合하면 留殺害命이니 가지가지 凶하니라.

　※ 볼 필요가 없습니다.

73. 文書를 언제 받겠습니까?

文戌 | 世

兄申 | 巳月

官午 | 丁

文辰 |。 應 酉日

才寅 | 占

孫子 |

{斷曰}

　辰土 文書가 用神인데 공망이므로 甲辰日에 받을 수 있느니라.

　과연 증험하니라. 이는 六冲卦인데, 用神이 홀로 合하니 冲中逢合이요, 甲辰日에 應事한 것은 實空한 날이라.

【 註73 】 용신이 생을 받아 출순치일(出旬値日)날 받았습니다.

74. 점포를 냈습니다.

```
兄 戌 ∦
官 卯 ∦
孫 申 ∦
文 巳
文 午 丬 世
兄 未 ─
兄 辰 ─
官 寅 ─
才 子 丬
兄 丑 應
```

午月丙子日占

{斷曰}

　六冲卦가 다시 六冲괘로 변하니 열지 않는 것이 상책이라.

{彼曰}

　벌써 成業 중입니다.

{答曰}

　午火가 未土와 合이 되어 있어 日辰이 冲하여도 흩어지지 않으나 금년 겨울에 变이 있을까 두려우니라.

　과연 겨울에 이르러 점원이 일을 저질러 영업이 중단되었다.

【 註74 】 육충괘라 나쁜 것이 아니고, 財가 회두극이며 손(종업원)이 회두극입니다.

75. 저와 자식이 형벌을 받겠습니까?

```
兄卯 才
官酉 世
孫巳 才          申
文亥             月
才未 ‖          乙
                卯
官酉 才          日
兄卯 應          占
文亥
孫巳 才
才丑 ‖
```

{斷曰}

　六冲卦가 六冲卦로 変하여 좋으나 世와 孫이 회두극 당하니 不吉한 象이라.

　과연 모두 重刑을 받았다.

【 註 75 】 世와 孫이 모두 회두극이라 凶합니다.

76. 왕복하면서 이익을 구하려고 합니다.

```
文未 ‖
   世
兄酉。
兄申。 才
孫亥 |
文丑 ‖
   應
才卯 才
才寅
官巳 |
```

未月乙亥日占

{斷曰}

六冲이 変하여 六冲이고 反吟卦인데, 월건이 持世하니 당신은 반드시 가기로 마음먹으나 가면 손해보느니라.

{彼曰}

오늘 가려고 합니다.

{予曰}

反吟卦니 물건을 사려고 하나 물건이 없으며 다른 물건으로 바꿀 것이나 이익이 없으리라.

{彼曰}

일신은 태평할까요?

{予曰}

태평하니라.

녹두를 사려고 갔으나 목적지에 녹두가 없어 면화로 바꾸어 샀는데, 결국 손해를 보았다.

【註76】 이미 財가 退神입니다.

77. 노름을 하는데 따겠습니까?

孫酉 ‖ 句
　　　世

才亥 ‖ 朱

兄丑 ‖ 靑

官卯 ‖ 玄
　　　應

文巳 ‖ 白

兄未 ‖ 它

子月己巳日占

{斷曰}

　世가 應爻를 剋하는 象이니 좋은데, 亥水 財가 暗動하여 應을 生하므로 노름을 하게 되면 잃느니라. 그러나 다행히 六冲卦므로 판이 끝까지 가지는 않을 것이라.

　과연 잃기는 하였지만 많은 돈은 아니었고 싸움이 일어나 판이 오래가지 않았다. 오래가지 않은 것은 六冲이요, 많이 잃지 않은 것은 財가 공망으로 應을 生한 것이요, 돈으로 다투어 흩어진 것은 朱雀이 財에 임하여 暗動했기 때문이라.

【 註 77 】 六合과 六冲은 이럴 때 봐야 합니다. 이런 경우는 世와 應, 財를 모두 봐야 합니다.

78. 과거 보러 갑니다.

才卯 |

官巳 | 辰

文未 ╟ 月
官午 世 庚

才卯 ‖ 午

官巳 ‖ 日

文未 ‖ 占
應

{斷曰}

　午火 官星이 世爻를 回頭生合하므로, 과거
에 합격하는 것은 손바닥 안에 있느니라.

　과연 과거에 세 번째 성적으로 합격했다.

【 註 78 】 이미 官星이 世를 회두생하여 과거급제는 분명하네요.

79. 편지를 부치려고 하는데 사람을 만날 수 있겠습니까?

文戌 ┃ 應

兄申 ┃

官午 ┃

才卯 ∥ 世

官巳 ∥

文未 ∥

卯月甲午日占

{斷曰}

　六合卦이므로 凡事를 성취하느니라. 단, 내일 未時에 淸明節이 드는데 밤새도록 가서 내일 未時 이전에 도착해야 되느니라. 淸明으로 바뀌면 辰 월건이 應爻를 冲해 만날 수 없느니라.

　사람을 만나 편지를 부탁했는데, 과연 다음 날 배가 떠났다.

【 註 79 】 이 괘는 잘 봐야 합니다. 현실의 상황을 보아 단정한 것입니다.

80. 고향 친구와 같이 돈을 빌리러 가는데 어떻겠습니까?

```
孫酉 ‖
  °
才亥 ‖       巳
          月
兄丑 ⚋      甲
文午     應  戌
          日
兄辰 ‖       占

官寅 ‖

才子 ⚊
兄未     世
```

{斷曰}

六合이 六合으로 變하니 모든 것을 쉽게 성취하고, 남과 和合하는 象이나 亥水 財爻는 月破당하고, 子水 財爻는 회두극 당했으며, 酉金 原神은 공망이라 다시 世爻도 회두극을 만났고, 丑土가 世와 財를 剋하고 辰土도 暗動하여 剋하므로, 돈을 빌리는 일이라면 모름지기 불측한 재앙을 대비해야 하느니라.

{彼曰}

어제 그 친구와 같이 가기로 약속했는데 같이 안가게 되는지요?

{予曰}

그 친구가 어디 사람인가?

{彼曰}

廣東人입니다.

간곡하게 그 친구와 같이 가지 말라고 했는데, 결국 같이 가서 돈을 빌려 오다가 몇 리도 채 못와 害를 당했다.

【 註 80 】 世에 財를 끼고 형제에게 회두극 당하고, 또 형제가 동해 극을 하니 친구에게 당하는 것입니다.

用神이 三刑殺이나 六害殺이면 凶한지요?

{答曰}

　　三刑은 寅巳申 세 자가 갖추어 刑이 되며, 子卯 두 자가 만나 刑이 되며, 丑戌未 세 자가 갖추어 刑이 되며, 辰午酉亥가 이른바 自刑이니라.

　　그러나 用神이 三刑이 되었더라도 旺相하면 종내는 증험함이 없느니라.

　　六害는 누누이 시험해 보나 증험이 없나니 出處도 없느니라.

　　※ 六爻에서는 刑殺은 보지 않습니다.

獨靜과 獨發은 무엇인지요?

{答曰}

　다섯 개 爻가 모두 動하고 오직 한 爻만 安靜하면 이른바 獨靜이라 하고, 다섯 개 爻가 安靜한데 오직 한 爻만 發動하면 이른바 獨發이라 하느니라.

　만약 卦中에 한 爻가 明動했는데, 다시 한 爻가 暗動하면 獨發이라 이르지 않느니라. 또 六爻가 安靜했어도 한 爻가 暗動하면 역시 獨發이라 하느니라.

　그러나 獨靜, 獨發은 일의 成敗가 느리고 빠름을 보는데 불과하며, 吉凶은 마땅히 用神으로 추리하는 것이니 用神을 버리고 일을 결단하는 것은 어리석은 짓이라.

81. 자식을 얻을 수 있겠습니까?

孫酉 ‖

才亥 ‖

兄丑 ‖ 應

兄辰 ‖

官寅 ‖

才子 │ 世

申月辛卯日占

占치러 온 사람이 말하기를, "자식이 하나 있었는데, 전란에 잃어버리고 지금은 후사가 없는데 장차 자식을 얻을 수 있겠는지요?"

{斷曰}

六爻 酉金 子孫이 暗動하여 世를 生하므로 자식을 얻는 象인데 外卦孫이니 잃어버렸던 자식이 돌아옴이라.

{彼曰}

언제 돌아옵니까?

{予曰}

다음 해 甲辰年은 酉金과 서로 合하니 내년 에 돌아오느니라.

과연 증험하니라. 이런 卦를 獨發卦라 한 다.

【 註81 】 6爻에 있는 것은 멀리 있는 것입니다.

82. 먹을 만드는데 언제쯤 가마를 열 수 있는지요?

```
兄卯  │

孫巳  │    申
    ○應  月
才未  ∥    甲
文亥  才    午
才辰  ○    日
      才    占
才丑  ∥
    世
兄卯  │
```

{斷曰}

　　辰土 財爻가 用神인데, 亥水가 獨發하여 化
出해서 明示하니 辰月에 먹을 볼 수 있느니라.
과연 다음 해 淸明이 지나서 비로소 먹을 보니
이렇게 應한 것은 獨發하여 化出한 것이 用神
이기 때문이니라.

【 註82 】 사람이 사용하는 것은 모두 財입니다. 그러나 승용차는 사람
을 태우고 다니는 것이라 문서로 봅니다. 財가 아닙니다.

盡靜卦와 盡發卦는 어떻게 단정하는지요?

{答曰}

　六爻가 모두 安靜하면 이른바 盡靜이고, 六爻가 모두 發動하면 이른바 盡發이라 하느니라.

　盡靜은 봄에 꽃이 꽃봉오리를 머금고 있는 것과 같으니, 사람들이 그 妙함을 미처 보지 못하지만 한번 비와 이슬을 맞으면 뭉게구름이 피어나듯이 점점 피는 것이요.

　盡發은 백 가지 풀이 모두 핀 것과 같으니 사람들이 다 그 탐스러움을 보지만 한번 狂風을 만나면 다 떨어지고 마느니라.

　그러므로 靜은 항상 아름다운 것이요, 動은 항상 허물을 이루느니라.

83. 下人이 집을 나갔는데 언제쯤 돌아오겠습니까?

兄巳 ┃ 世

孫未 ‖　　午
　　　　月
才酉 ┃　　庚
　。　　辰
官亥 ┃　　日
　　應　占
孫丑 ‖

文卯 ┃

{斷曰}

　酉金 財爻가 用神인데 月剋日生하니 가히 相敵할만 하니라. 用神 酉金이 공망이고 日辰과 合하니 神機가 여기에 나타나느니라. 공망과 合을 푸는 辛卯日에 돌아오느니라.

　과연 증험하니라.

【 註83 】 先天時代에서는 하인을 財로 봤습니다.

127

84. 부친을 장사 지낼 墓를 만들려고 합니다.

```
文戌  ╀
兄酉  ╀  世

兄申  ╀
孫亥。 ╀

官午  ╀
文丑

文辰  ╀  才
才卯      應

才寅  ╀
官巳

孫子  ╀
文未
```

辰月甲子日占

{斷曰}

이 卦는 심히 凶하니 세세히 말할 것도 없느니라.

{彼曰}

분묘가 이미 造成됐으며 바로 金井으로 파서 棺을 내리려고 하는데, 이제 점치는 것은 집안이 편안하겠는가를 알려고 하는 것입니다.

그 자리에 墓를 쓰는 것은 不可하다고 만류하는데, 어떤 사람이 와서 말하기를 "穴場바닥에 큰 돌이 수없이 많아 地氣가 없는 곳입니다."

그 후 어떤 지관이 그것을 보고 曰,

"물이 침범하고 돌이 많이 깔려있으면 墓자리로 쓰지 못하느니라." 하더라.

【 註84 】 世가 穴입니다. 六爻가 웬만한 지관보다 명당을 잘 봅니다.

用神多現이면 어떻게 取하는지요?

{答曰}

내가 누누이 증험하는 것은 閑爻는 버리고 持世한 것을 用하며, 힘이 없는 것은 버리고 月日한 것을 用하며, 靜한 것은 버리고 動한 것을 用하며, 破가 아닌 것은 버리고 月破한 것을 用하며, 空이 아닌 것은 버리고 空亡인 것을 用하느니라.

天機는 病이 있는 곳에서 새어나오니 단정하는 法은 의사가 약을 처방하는 것과 같느니라.

85. 求財?

兄卯 |

孫巳 。

才未 ‖ 應

才辰 。

兄寅 |

文子 | 世

未月庚子日占

{斷曰}

　未土는 월건과 아울렀고 辰土는 공망인데, 어느 것을 用해야 하는지요?

　공망에 반드시 원인이 있으므로 月內 辰日에 得財 하느니라.

　과연 甲辰日 巳時에 得財했는데, 이는 不空인 爻는 버리고 空亡인 爻를 쓰는 것이라.

【 註 85 】 단순히 財만 보면 됩니다.

86. 영전할 수 있겠습니까?

文酉 ⫶ 應
孫卯 ⫶
兄亥 ⫶
才巳。
官丑 ‖
才午 ‖ 世
官辰。 |
孫寅 ‖

未月甲午日占

{彼曰}

　丑土官은 月破고 辰土官은 空亡인데, 어느 것을 用해야 합니까? 어느 해에 영전한다고 판단해야 합니까?

{予曰}

　올해는 卯年으로 辰자가 빨리 오므로 辰土가 用神이며 내년에 영전할 수 있느니라. 단 外卦가 反吟이니 항상 증험하는 것은 가면 다시 돌아오느니라.

　과연 辰年에 임용되어 河南으로 갔는데 5月에 다시 돌아왔으며, 10月에는 督府로 가게 됐느니라.

【 註 86 】 용신이 여러 개일 때는 빨리 응사하는 것이 用神입니다.

87. 아들이 현재의 어려움에서 언제 풀려날지…?

```
才戌 ‖

官申 ‖

孫午 │
      應

兄卯 ‖

孫巳
兄卯 ╳

才未 ╳
孫巳   世
```

亥
月
丙
午
日
占

{斷曰}

　午火孫은 일진이 아울렀고 兩巳火는 月破
이므로, 巳火를 用해 巳年에 厄을 벗어난다고
단정하니라.

　과연 증험하니라. 이는 用神多現인데, 病이
있는 爻를 用한 것이다.

【 註87 】 병이 있는 놈을 용신으로 잡는 것은 일부러 흉한 것을 용신으
로 하는게 아니라, 병이 있다는 것은 반드시 무슨 연고가 있어 그러한 것이
므로 병이 있는 것이 용신입니다.

88. 아들이 집을 나간 지 오랜데 언제쯤 돌아오겠습니까?

```
兄巳  ╪
官子

孫未  ╫
     應
孫戌

才酉  ╪
才申

才酉  ┃

官亥  ┃
     世

孫丑  ╫
官子
```

未月 丁丑日 占

{斷曰}

　未土가 進神이나 冲散이고 丑土는 月破를 만났으며, 巳火 原神은 회두극을 당했으므로 目不에는 돌아오지 못하느니라.

{問曰}

　끝내 돌아오지 못하는지요?

{答曰}

　午年에 반드시 돌아오리라.

　과연 午年 午月에 돌아왔다. 午年 午月에 應한 것은 未土가 冲을 만났으므로 冲中逢合한 年, 月이요, 丑土가 化하여 子水와 合하니 冲開하는 年, 月이요, 巳火가 化하여 子水의 剋을 받으니 子水를 冲去하는 年, 月이라.

【 註 88 】 兄爻가 動해 회두극이라 형제나 친구의 사고로 돌아오는 것이 지체되는 것입니다.

133

89. 代를 이을 후사를 얻을 수 있는지요?

```
孫酉 ╱╱
官寅 ╱ 世        寅
才亥 ‖          月      {斷曰}
                癸       妻妾은 서넛이나 몇 년 사이 자식 아홉이 모
兄丑 ‖          亥     두 죽었는데, 이후에라도 자식을 얻을 수 있습
官卯 ╱╱         日     니까?
孫申 ╱ 應       占      {予曰}
文巳 ‖                   子化鬼하고 鬼化子 하니 자식 두기가 어려
                      우니라.
兄未 ‖
                        과연 자식이 없어 조카로 代를 이었다.
```

【 註89 】 여기서 중요한 것은 子化鬼, 鬼化子 하는 것이 중요합니다.
외워두시길~

제18문

卜者誠心을 물음인데, 卜者도 마음이 정성스럽고 斷者도 精明한데 증험이 없는 것은 어찌된 일입니까?

{答曰}

이는 그 원인이 卜者에게 있는 것이지 斷者에게 있는 것이 아니니라.

卜者의 마음이 진실하다 하더라도 비밀스런 일로 인해 이것을 물으면서 뜻은 다른데 있는 까닭으로 증험이 없느니라.

90. 큰아버지가 언제 돌아오실지…?

兄巳 |

孫未 ||

才酉 才
孫戌 應

才申 |

兄午 ||

孫辰 世
文卯 伏

酉
月
戊
申
日
占

{斷曰}

이 卦가 만약 伯父가 편안한지를 묻는다면, 卯木 父母가 隱伏하여 나타나지 않고 일진, 월건, 動爻가 剋沖을 하므로 凶하다고 하겠지만 지금 묻는 것은 언제 돌아오는 것이니 用神이 伏藏하여 剋을 받으므로 돌아오지 못하느니라.

그 후 과연 돌아오지는 못했지만 外地에서 편안하게 지냈다고 하더라.

【 註90 】 큰아버지가 孫 밑에 은옥했기 때문에 아랫사람 집에 계시고, 財가 동해서 돈이나 여자문제가 있습니다.

91. 家宅?

文子 ‖
才戌 ｜ 世
官申 ‖
官酉 才丑 ∦
文亥 兄寅 ｜ 應 伏
才丑 孫巳 ∦

申月乙亥日占

{斷曰} 應이 二爻에 居하니 남이 집안에 있는 것이요, 應이 父母에 임하니 다른 姓의 어른이라.

{彼曰} 그런 분이 안계신데요.

{予曰} 內卦가 合하여 官鬼局을 이루니 집안이 편안치 못하리라.

{彼曰} 편안합니다.

{予曰} 寅木 兄弟가 伏藏하여 官局의 剋을 받으니 형제 집안의 不吉하니라.

{彼曰} 제가 家宅占을 치는 것은 오늘 스승님과 같이 鄕試를 보려고 함이니, 功名을 위함이외다.

{予曰} 功名占과 家宅占은 천지차이다. 功名은 官鬼가 官星이나 家宅은 官鬼가 禍害니라. 功名占이니, 당신은 낙방하지만 스승은 합격하느니라.

{彼曰} 그것을 어떻게 아십니까?

{予曰} 官局이 應을 生하고 世를 生하지 않으니 出現하여 無情함이니, 당신과는 관계가 없느니라.

　그 후 8月에 시험이 있었는데, 이 사람은 애시당초 시험 보는 규칙을 어겨 시험도 보지 못했으나 그 스승은 과거에 급제했다.

【註91】 그래서 묻는 것이 확실해야 합니다. 물음이 불분명하면 뭘 묻는지를 다시 확인해야 합니다.

92. 流年?

官寅 | 世
才子 ‖
兄戌 ‖
孫申 | 應
文午 ‖
兄辰 ‖

未月癸亥日占

{斷曰}

이 사람이 軍에 가기 전에, 軍에 가서 功名을 이룰 수 있는지를 묻고자 하면서도 流年占으로 얘기를 해서 "功名占은 官星이 功名이나 流年占에서는 官星이 鬼를 뜻하느니라."라고 했더니,

{彼曰}

제가 몰라서 번거롭게 해드렸는데 이 卦象으로 功名을 이룰 수 있는지 알 수 없을까요?

{答曰}

官星이 持世하고 일진이 生合하니 이룰 수 있느니라.

만약 流年占으로 판단하면 그르치느니라.

【 註 92 】 물음이 명백해야 합니다.

93. 現任吉凶?

```
才子 ‖

兄戌 │      子

孫申 ‖      月
     世      乙

兄辰 │      酉

官寅 │      日

才子 │      占
     應
```

{斷曰}

　이 사람은 승진할 수 있는지를 묻는다는 것이 現任(유임)할 수 있는지를 묻고 있으니, 제대로 묻지 못한 것이라.

　現任의 吉凶을 점친다면 子孫持世이므로 삭탈관직하는 것인데, 승진을 묻는 것이므로 승진하지 못하느니라.

　그 후 과연 승진을 못했지만 임기 동안 편안히 있었다.

【 註 93 】 여태까지 경험해 보면 승진할 수 있는가? 라는 질문에 관성이 一生一剋이면 승진하지 못했습니다. 그냥 그 사람이 편안합니까? 라고 물었는데, 一生一剋이면 편안합니다.

94. 因母病占 問流年?

兄卯 | 應

孫巳 | 午
才未 ∥   月   商人이 流年을 물어
孫午 ∥   辛
                  {予曰}
才辰 ∥ 世   丑   旺한 財가 持世하고, 未土 財가 午火의 生合
                  을 받으니 큰 돈을 벌 것이라.
兄寅 ∥   日
                  {彼曰}
文子 | 占   老母의 病을 점치는 것입니다.

                  {予曰}
                  求財占과 流年占은 天地차니라. 令堂은 甲
                  辰日에 위험하니라.

                  과연 증험하니라. 이는 世爻 辰土가 出旬한
                  날에 應한 것이라.

【註94】 보통 이렇게 묻는 경우는 종종 있습니다. 딱 부러지게 묻질
않고, 당신 한번 맞춰 보쇼 하는 마음으로 묻습니다.

95. 功名?

```
文未 ⚋
文戌 ⚋
兄酉 ⚊ 應
孫亥 ⚊
才卯 ⚋
兄申 ⚋ 世
官巳 ⚍
文未 ⚋
```

午月辛酉日占

{斷曰}

　12살 난 아이가 아버지가 보내서 왔는데, 功名占을 본 것이라 하며 이 卦象을 내놓기에 말하기를, "官星이 持世하고 文이 月의 生을 받아 進神이니 벼슬을 할 수 있느니라."

　그러나 나중에 듣고 보니 아버지가 아이에게 명예를 점쳐보라 시킨 것이라. 그러면 孫이 用神이 되는데, 旺한 未土가 剋하므로 功名을 이룰 수 없느니라.

　이 애가 다음 달(未月) 戌日에 죽었다.

【 註95 】 이 괘는 심히 중요합니다. 자손에 관한 질문이라면 어떤 질문이든지 孫이 용신입니다. 財나 官이 될 수 없습니다. 육효책까지 낸 사람이 이걸 혼동하더군요. 중요한 괘상입니다.

六爻 체험사례

1. 어떤 사람이 경매에서 낙찰 받을 수 있는 지를 물었습니다.

```
財未 ‖

官酉 |

文亥 | 世

官酉 |

文亥 |

財丑 ⚊
文子 ⚋ 應
```

戌月戊午日占

며칠 전에 얻은 괘상인데 이제 올립니다. 어떤 분이 속초의 호텔이 경매에 나왔는데 낙찰을 받을 수 있겠는가를 물었습니다. 감정가는 70억 정도인데 18억 정도로 입찰하려고 한다고 합니다.

그러면 문서를 보기 이전에 세와 응의 힘을 봐야 합니다. 왜냐하면 남들과 서로 경쟁하기 때문입니다. 세를 보면 월이 극하고 응이 동하여 세를 또 극합니다. 전혀 생을 받지 못하고 있습니다.

반면에 응은 월, 일이 다 생하고 있으므로 남에게 낙찰이 됩니다. 특히 응은 재를 끼고 세를 극하므로 상당한 액수를 써서 입찰하는 것입니다. 그래서 제가 그분한테 입찰가를 더 써내라고 했는데, 이 이상의 재력은 없어 이정도로 써낸다고 합니다. 그러면 남에게 낙찰이 되는 것입니다.

그 다음날인가 이튿날인가 경매를 했는데, 역시 낙찰받지 못했습니다. 그리고 다른 사람들이 입찰가를 엄청 써냈다고 합니다.

2. 김정일이 언제 죽겠습니까?

載子 ‖ 應
兄戌 |
孫申 ‖
官卯 ‖ 世
文巳 ‖
兄未 ‖

亥月戊辰日占

　며칠 전에 얻은 괘상인데, 김정일이 죽었다는 루머가 돌아 주식이 하락했습니다. 그래서 김정일의 수명을 점쳐보았습니다.

　응이 용신인데 일, 월에 일생일극이지만 응자수가 일진에 극을 받으면서 입묘한 것이 좋지 않습니다. 병자는 특히 입묘가 위험합니다. 괘상에 동효가 하나도 없으나 오효술토가 일진과 충하여 충기하였습니다. 충기하여 응자수를 극하므로, 지금 건강 상태가 굉장히 안좋은 것은 사실입니다.

　그러면 언제 죽겠느냐? 내년이 임진년이므로 응자수가 또 한 번 입묘하여 내년이 위험합니다. 다음 달인 자월(음력 11월)에도 위험합니다. 응이 자수인데 자수가 입묘하므로 다음 달에도 위험합니다. 어서 통일이 돼야겠지요.

3. 구제역이 언제까지 돌 것인가?

文酉 ‖
兄亥 ‖
官丑 ‖ 世
兄亥 ∣
官丑 ‖
孫卯 ∣ 應

子月丁未日占

한자로 치기가 번거로워 그냥 한글로 올립니다.

지금 구제역이 한창인데, 구제역이 언제까지 돌 것인지 어느 분이 궁금해서 물었습니다. 그래서 괘를 얻었는데 지화명이괘를 얻었습니다. 구제역을 점쳤기 때문에 관귀가 용신입니다. 이효에도 관귀가 있고 사효에도 관귀가 있는데, 같은 축토이므로 어느걸 용신으로 해도 상관 없습니다.

이 괘상에 동효가 없지만 축토관귀가 일진의 충을 받아 암동했습니다. 암동했는데 일진의 아우름을 받고 있기 때문에 구제역이 심상치 않게 돌 것 같습니다.

절기로 소한이 들어오면 축월이므로 12월 달에는 더 성행하기가 쉽습니다. 내년(신묘년)은 목의 해이므로, 내년이 되야 구제역이 수그러들 것입니다. 또한 1월은 인월이므로 목의 달이기 때문에 내년 1월쯤 되야 소멸되리라 봅니다.

앞으로 사회적으로 중요한 이슈가 되는 문제는 괘를 얻어 글을 올릴 것입니다. 며칠 전에 어떤 분이 우리나라 연평도 사격훈련을 하면 북한에서 포격할 것인가, 안할 것인가를 물은 적이 있습니다. 괘를 얻어 보았더니 북한에서 포격을 안하는 괘로 나와서 그렇게 얘기를 한 적이 있습니다.

4. 올해(庚寅年) 신종플루가 돌겠습니까?

文戌 ⚋
文戌 ⚋ 應
兄申 ⚋
兄申 ▮
官午 ▮

文丑 ⚍
　　世
財卯 ▮

官巳 ▮

子月
庚戌
日
占

　　질병을 점쳤으므로 관귀가 용신입니다. 사화관귀도 있고 오화관귀도 있는데, 월파 당한 오화가 용신입니다. 일부러 나쁜 것을 용신으로 잡는 것이 아니고 연고가 있으므로, 월파당한 연고가 있으므로 오화가 용신입니다.

　　오화관귀가 월파고 일진에 입묘했으므로, 올해 겨울에는 신종플루가 성행하지 않습니다. 또한 복음괘이므로 신종플루가 도는 것이 지체되는 상입니다.

　　조금 돌다가 마는 것입니다. 다행입니다. 이제 후천개벽이 점점 다가오므로 온갖 질병이 돌다가 약이 없는 천연두가 올 것입니다.

　　성인의 말씀이므로 틀림없이 그럴 것입니다. 그때는 언제인가?

5. 조류 인플루엔자가 얼마나 돌겠습니까?

官卯 |
文巳 |
兄未 ||
　辰
兄丑 ||
　○
官卯 |
文巳 ╱
官寅 應

子月乙卯日占

　조류 독감 역시 질병이므로 관귀가 용신입니다. 초효, 변효에도 관귀가 있고, 이효, 오효에도 관귀가 있는데, 변효와 본효가 같이 있는 경우는 본효가 용신입니다.

　이효관귀나 육효관귀, 모두 묘목이므로 어느 것을 용신으로 해도 상관 없습니다. 관귀가 월일에 생과 아우름을 받고 있기 때문에 조류독감이 상당히 성행할 것 같습니다. 내년이 신묘년이고 1월, 2월이 인월, 묘월이므로 내년 음력 2월까지는 조류독감이 유행하겠습니다.

　초효문서, 부모효가 동했는데 관귀를 생하거나 극하거나 하지 않기 때문에 상관없습니다. 상관이 없다 하나 동했기 때문에 이 상황에 변동이 있는 것인데, 부모효를 어떻게 보겠습니까? 여기에서는 날씨로 보아 부모효는 비나 눈이 많이 오는 것으로 볼 수 있습니다.

　그러니까 비나 눈이 많이 온다고 조류독감이 더 성행하거나 꺾이지 않는다는 얘기입니다. 안타깝습니다.

6. 삼성의 부장이 뇌물을 받았는데, 퇴직을 당하지 않고 자리를 보존할 수 있는지를 물었다.

兄卯 ‖ 應
孫巳 |
財未 ‖
財辰 ‖ 世
官酉 伏
兄寅 ⚊
兄卯 ⚋
文子 |

戌月乙酉日占

이 질문을 나에게 직접한 것이 아니고 이 사람이 어느 스님에게 물었는데, 그 스님이 나에게 다시 물은 것입니다.

이 괘는 그 스님이 얻은 괘입니다. 괘의 풀이만 나한테 물은 것입니다.

삼성에 다니는 부장이 직장을 물었으니, 관이 용신입니다. 이때 관은 관성이며 관귀가 아닙니다. 비록 관성이 복신이 되어있지만 월이 생하고 일진이 아우르며 비신진토가 생합하므로 그 자리를 지킬 수 있습니다. 그런데 2효 인목이 진신으로 동하여 세효 진토를 극하고, 진토가 월파까지 당하여 세효가 지나치게 극을 받고 있습니다.

이 괘는 무자년(2008년)에 점을 친 것인데, 내년(기축년) 1, 2월(인, 묘월)에 주변 동료나 선, 후배로 인하여 심한 스트레스를 받아 본인이 스스로 사표를 낼 수 있다고 했습니다.

과연, 작년(2009년)에 이 사람이 사표를 냈습니다.

7. 어느 스님이 일본 나고야에서 포교원을 하면 어떻겠는지를 물었다.

財卯 |

官巳 |

文未 ‖

官午 世

財卯 ‖

孫亥

官巳 ‖

文未 ‖

財卯 應

丑月丁丑日占

　　초효와 삼효가 삼합을 이룬다고 볼 수도 있고, 삼효와 사효가 삼합을 이룬다고 볼 수도 있습니다. 중중으로 삼합을 이루었기 때문에 미토문서 하나가 극을 받는다고 하면은 안됩니다.

　　삼합이 목국이며 재국이므로 재국이 움직여 포교원을 하게 되면 상당한 재물이 들어올 것입니다. 더욱이 세와 더불어 삼합을 이루어 세에 재국을 띠고 있으니 큰 돈을 벌 것입니다.

　　스님이 재물을 밝히면 안되는 것이지만 상황이 그렇다는 얘기입니다. 그러나 삼합을 이루는 문서미토가 월파와 일충을 만난게 병이므로, 올 5월이나 6월에 가는 것이 좋습니다. 생합과 전실되는 달이기 때문입니다.

　　이렇게 얘기를 하였더니 그 스님이 나고야로 진출할 것을 결심했습니다.

8. 어느 50대 보살님이 암자를 운영하는 것이 어떤지를 물었습니다.

文戌 ⼳ 應
財寅
兄申 ‖
官午 ⼗
文戌
文丑 ‖ 世
財卯 ∣
官巳 ∣

丑月 辛巳日 占

어느 보살님이 스님 밑에 있다가 무슨 일로 나오게 됐는데, 그것을 기회로 직접 암자를 운영해보려고 해서 물었습니다. 막상 암자를 운영하려고 하니 걱정도 되고 하여 물은 것입니다.

불교 이론도 알고 기도도 열심히 하고 있으며, 새벽 예불도 직접 하고, 독경을 하면은 시간가는 줄 모르고 한다고 합니다. 독경할 때는 어깨가 들썩일 정도로 신명이 난다고 합니다.

세에 문서를 띠고 있는데, 말 그대로 암자가 보살님에게 있는 상이라고 보아도 되고, 공부로 보아 공부를 열심히 한다고 할 수 있습니다.

이 괘상의 핵심은 사효, 육효가 동하여 삼합관국이 이루어져 세를 생하는데 있습니다. 육효는 분묘(墳墓) 자리인데 관국이 사효, 육효에서 동하여 신명으로 봅니다. 신명께서 강력하게 동하여 세와 문서를 생하니 신명전에서 이 보살님은 공부를 무지하게 시킨다거나, 암자를 갖고 있게 하려고 한다고 얘기할 수 있습니다.

암자를 운영하려면 돈이 필요한데, 이효 묘
목재는 월, 일, 동효의 아무 생극이 없으므로
간신히 유지하는 정도의 돈은 될 것입니다.
　　이렇게 얘기하니 그 보살님이 암자를 차리
려고 결심했습니다.

9. 사람의 전염병은 언제 돌겠습니까?

兄巳 ᆃ
孫戌 ‖
孫未 ‖

財酉 ｜ 應

財申 ᆃ
文卯
官亥 伏

兄午 ‖

孫辰 ‖ 世

丑月乙酉日占

병을 점쳤으므로 관귀가 용신입니다. 그런데 관귀가 삼효신금 밑에 은복해 있습니다. 지금 당장은 전염병이 돌지 않고 잠복해 있는 것입니다. 신금이 월일의 생을 받아 관귀해수를 생하니, 관귀해수가 바깥으로 드러나면 상당히 유행합니다. 여기에서 관귀해수는 복신이고, 신금이 비신입니다. 묘목이 비신이 아닙니다.

육효의 사화가 변효에 입묘했는데 설사 입묘하지 않고 제대로 동했다 하더라도 신금이 월일의 생을 다 받고 있으므로 신금의 입장에서는 충분히 버텨냅니다. 따라서 해수를 충분히 생한다고 보는 것입니다.

그러면 해수가 언제 바깥으로 드러나느냐? 해자가 오면 드러나는데, 해년에 드러나는 것입니다.

그러니까 기해년(2019년)에 사람의 전염병이 돕니다.

10. 장모님이 건강이 조금 위험한 상태에서 얻은 괘상입니다.

孫酉 ⚋
官寅 ⚍
財亥 ⚍
兄丑 ⚍ 應
兄辰 ⚍
官寅 ⚍
官卯 ⚋ 伏
文巳 ⚊
財子 ⚊ 世

子月辛亥日占

장모님이 건강이 안좋아 서울 한양대 병원에 입원했는데 갑자기 상태가 안좋아져 한번 점을 친 것입니다. 장모님은 부모효 사화로 보는데 복신이 되어있습니다.

복신이 되어도 생을 많이 받으면 길한 것이지만 어찌됐든 복신이 되면 길한 것은 아닙니다.

부모효 사화를 일월과 대조해 보면 전부 극을 받아 흉한데, 다행히 인목 원신이 진신이 되어 생하여 길하지만 전부 공망을 맞아 꺼림직합니다. 그리고 육효 유금이 변효에 절이 되어 동한 것이 약하지만 어찌됐든 인목 원신을 극하는 것이 흉합니다.

특히 용신이 일진의 극충을 받은 것이 흉하여 당일 술시나 해시에 위험하다고 했습니다. 병자는 특히 입묘하는 때에 위험합니다. 이렇게 단정을 내리는 것은 원신이 진신이 되어 동했지만 공망이라 이렇게 판단한 것입니다.

그런데 다음날(임자일), 인시에 돌아가셨다고 합니다. 임자일도 용신이 극을 받는 날이기 때문에 좋지 않지만 시(時)는 장생인 시이기 때문에 정확하게 맞지는 않은 것입니다. 간혹

가다가 흉하게 응사하는 괘상이 생을 받는 때
에 응사하기도 합니다.

　사람의 수명을 점치는 것은 대단히 중요한
일이기 때문에 신중에 신중을 거듭해야 합니
다.

11. 일본 규슈 확산이 대폭발로 이어지겠습니까?

官未 ‖
文酉 |
兄亥 |
　　　世
兄亥 ⚊
官丑 ⚋
官丑
孫卯 ⚋
孫卯 |
　　　應

丑月己丑日占

　　산을 점침에는 부모효로 보지만, 우리나라 산이 아니고 일본의 산이기 때문에 일본을 점치는 것은 응으로 봅니다. 일본의 경제 상황을 점친 것이든, 일본에 해일이 일어나는 것이든, 일본에 화산이 폭발하는 것이든, 일본을 점치는 것은 응으로 용신을 삼습니다.

　　초효 응묘목이 월일의 생극이 없고 동효도 생극이 없으므로 대폭발을 하지 않습니다. 단지 이효 축토관귀가 회두극이지만 발동하였으므로 소소한 폭발은 하겠습니다. 관귀는 사고, 재앙 등을 뜻하기 때문입니다. 삼효 해수도 동하였으나 회두극을 맞아 응을 생할 힘이 없습니다.

　　소소한 폭발만 있을 뿐입니다.

12. 미국 경제가 앞으로 어떻게 되겠습니까?

孫子 ‖

文戌 ↗
孫亥

兄申 ‖
　世

兄申 │

官午 ⫻
孫亥

文辰 ‖
　應

丑月庚寅日占

　　오늘이 입춘이지만 오후 1시 33분에 입춘이 들기 때문에 아직 12월 달이 지나지 않았습니다. 이 괘는 오전에 얻은 것입니다.

　　미국의 경제가 공황 상태에 빠지는 것을 기정 사실로 여기고 있는 사람들이 있습니다. 따라서 전 세계의 경제가 대공황으로 이어진다고 합니다. 공황 이후로 세계 제3차 대전이 일어날 것이라고도 합니다. 이렇게 주장하는 사람들이 꽤 있는 것 같습니다. 그래서 괘를 얻어 봤습니다. 미국의 문제는 정치, 경제, 사회, 전쟁 등 무슨 문제든 미국을 점치는 것은 응이 용신입니다. 세는 우리나라이므로 다른 나라는 응입니다.

　　초효에 응진토가 있는데 월, 일과는 일생일극이라 괜찮고, 오화 원신이 회두극을 맞아 응을 생할 여지가 없으니 경제가 발전하지는 못하지만 평수준은 되는 것입니다. 오효 술토가 동했는데, 동해서 진토를 아우르니 우방국이 좀 도움이 되지 않나 합니다. 오화를 관귀로도 볼 수 있고 원신으로도 볼 수 있는데, 회두극이므로 영향을 끼칠 수 없습니다. 여하튼 미국의 경제가 당분간 그대로 지속되며 무너지진 않습니다.

13. 미국이 더블딥(double dip)에 빠지게 되겠습니까?

財未 ⚋ 應
財戌 ⚋
官酉 ▮
文亥 ▮
財辰 ⚋ 世
兄寅 ⚋
財辰 ⚋
文子 ╱
兄寅 ╱

申月 庚子 日 占

미국을 점쳤으므로 응이 용신입니다. 응이 월, 일에는 생극이 없으나 진신이 되었습니다. 그리고 초효, 이효가 동하여 응을 극하고 있습니다. 초효자수는 이효인목을 생하고 인목이 응을 극하고 있습니다. 이효인목이 극하더라도 응이 진신이 되어 충분히 받아낼 수 있습니다.

그러므로 결론은 미국이 더블딥에 빠지는 일은 없습니다. 또 한 가지 이효인목은 월파를 당하였으므로 크게 응을 극하지는 못합니다. 다행입니다.

프랑스를 점친 것도 며칠전이고, 미국을 첨진 이 괘상도 그저께 점친 괘상인데 시간이 없어 이제야 올립니다.

14. FOMC(미국 연방공개시장위원회) 회의로 DOW지수가 어떤 영향을 받겠습니까?

文寅 ╱
孫戌
官子 ‖
孫戌 ⫛
兄午 世
兄午 ‖
孫辰 |
文寅 ‖
應

酉月乙亥日占

　주식을 하는 사람이 FOMC회의로 다우지수가 오를 것인가, 떨어질 것인가 궁금해서 물었습니다. 저는 잘 모르지만 미국의 FOMC회의가 중요한가 봅니다.

　미국의 모든 문제를 점치는 것은, 응이 용신이지만 결론적으로 다우지수의 등락을 물었으므로 문서가 용신입니다. 이 점은 각별히 주의해야 합니다.

　초효에 응에 문서를 띠고 있으므로 잘됐습니다. 육효인목문서를 용신으로 해도 같은 인목이므로 마찬가지입니다. 문서가 월, 일에 일생일극이고, 삼효, 육효가 동하여 화국을 이루어 용신을 생극 안하므로 본전인 셈입니다.

　여기에서 화국을 이루어 동한 것은 여러 단체들의 견해가 합쳐진 것을 말합니다. 의견은 일치됐으나 이것으로 인하여 다우지수가 오르지는 않습니다. 다른 여러 가지 요인이 있겠으나 FOMC회의가 주식시장에 미치는 영향은 긍정적이지는 않습니다.

15. 이탈리아의 신용등급이 떨어졌는데, 프랑스는 어떻겠습니까?

兄戌 ╲╲
文巳 ‖
孫申。 ‖
文午 ┃世
兄辰 ┃
官寅 ┃
財子 ┃應

酉月戊寅日占

　요새 프랑스도 말이 많아 프랑스의 신용등급을 묻는 것 같습니다. 응이 용신인데, 응이 월의 생을 받고 있는데 육효술토가 동하여 응을 극하고 있습니다. 그런데 다행히 오효신금이 충기하므로 술토가 응을 극하지 않고, 오효신금을 생하고, 신금은 응을 생하고 있습니다. 다행입니다.

　결론적으로 응은 월과 동효의 생을 받고 있습니다. 극은 받지 않고 생만 받으므로 프랑스의 신용등급이 떨어지는 일은 없습니다.

16. 그리스에 격렬한 데모가 일어나고 있는데, 그리스가 앞으로 어떻게 되겠습니까?

文戌 |

兄申 |

官午 才
文未 應

兄酉 |

孫亥 |

文丑 ‖
世

戌月 庚戌 日 占

그리스를 점쳤으므로 응이 용신입니다. 응 오화가 월일의 생극이 없지만 월일에 입묘되었습니다. 변효미토도 오화를 생극하지 못하므로 전혀 생극이 없습니다. 입묘만 되었습니다.

월에는 입묘를 보지 않지만 이런 경우는 어느 정도 봅니다. 그리스가 입묘만 돼있는 상태이기 때문에 상당히 어렵습니다. 나라 자체가 망가지진 않지만 상당히 어려운 처지에 있는 것입니다. 내년이 임진년이므로 이런 상태로 계속 갈 것입니다.

저번 9월 달에 코스피지수가 1900선이 간다고 했는데, 그 괘상에서 유금원신이 회두극 받아 결국은 문서를 생하지 못해서 코스피지수가 떨어진거 같습니다.

이것은 제가 잘못 해석해서 생긴 일입니다. 괘가 잘못 나온 것이 아닙니다. 유금 원신이 회두극 당해서 술토가 문서를 극하므로 1880선에서 떨어진다고 봐야 되는 것입니다. 그러나 올 연말까지 코스피지수가 상당히 오를 것입니다. 그전의 괘상으로는 2100 이상을 갈 것으로 예상됩니다.

17. 유가가 1배럴에 110달러를 넘었습니다. 앞으로 더 오르겠는지요?

文子 ‖

財戌 │ 辰

官申 ‖

官酉 ‖

文亥 │ 應

財丑 ‖

卯
月
壬
戌
日
占

　가격을 점침에는 재가 용신입니다. 재가 두 개 나와있는데, 공망 맞은 초효축토재가 용신입니다. 월, 일에 일생일극이므로 더 이상 오르지 않습니다. 물론 3~6월 달에는 조금 더 오르겠지요. 이이상 오르지 않으므로 다행입니다.

18. 일본이 이번에 크게 지진이 일어났는데 앞으로 얼마나 다치는지, 그리고 우리나라도 피해를 입겠습니까?

兄酉 ‖

孫亥 ‖ 世

文丑 ‖

兄申 │

官午 ‖ 應

文辰
財卯 ‖

卯
月
丙
寅
日
占

우리나라와 일본을 첨쳤으므로, 우리나라는 세고 일본은 응입니다. 세부터 먼저 보면 월, 일에 생극이 없고, 다만 초효진토가 극하고 있습니다. 그러나 진토는 회두극이자 월, 일의 극을 받고 있으므로 세효 해수를 극할 힘이 없습니다.

그리고 또한, 삼효 신금이 일진의 충을 받아 암동하므로 진토가 극할 힘이 있더라도 탐생망극으로 진토는 신금을 생하고, 신금은 해수를 생합니다. 단지 세효 해수가 공망이므로 소소한 피해를 입을 수는 있습니다. 일본도 월, 일의 생을 다 받으므로 앞으로 여진으로 인해 피해가 없습니다. 다만 관귀가 임해 있으므로 흉합니다. 관귀는 재앙, 사고 등을 뜻하는 것이기 때문입니다. 그러므로 작은 여진들이 계속 일어난다고 할 수 있습니다. 불행 중 다행입니다.

진실로 후천개벽이 가까이 오고 있습니다.

19. 일본 원전이 폭발하여 핵재앙이 일어나겠습니까?

兄未 ‖

孫酉 │ 世

財亥 │

兄辰 ✕
兄丑

官寅 │ 應

財子 │

巳月癸未日占

일본의 문제를 점치는 것은 무엇이든지 응이 용신이지만, 이 괘는 핵재앙이 우선이므로 관귀를 용신으로 삼습니다. 응에 관귀를 띠고 있으므로 이 괘는 응을 보나, 관귀를 보나 마찬가지입니다.

응에 관귀를 띠고 있으므로, 일본에 재앙이 있는 상입니다. 그러나 다행히 인목관귀가 생을 받지 못하고 일진에 입묘하므로 큰 재앙이 생기지 않습니다.

삼효가 동했는데 삼효진토가 인목을 생하지도, 극하지도 않으므로 상관없습니다. 그러나 신월이 되면 인목관귀가 출묘하므로 신월에 어느 정도의 사고는 있으리라 생각됩니다.

멜트다운(melt down)되는 현상이 있어도 큰 사고로는 이어지지 않습니다.

20. 그리스가 국가부도까지 가는 상태가 되겠습니까?

文戌 ｜

兄申 ｜ 應

官午 ｜

兄申 ✕
財卯 ○

官午 ‖ 世

文辰 ‖

午
月
己
酉
日
占

　　그리스를 점치는 것은 응이 용신입니다. 세는 우리나라고, 응은 다른 나라이기 때문입니다.

　　응이 월, 일에는 일생일극이고 괘 중에서 삼효신금이 동했으므로 응을 아울러 줍니다. 그러므로 국가부도라는 사태까지는 가지 않고 형효, 이웃나라가 도와주는 형상입니다. 이웃나라가 도와주므로 더 이상 사태가 악화되지 않고 점차 나아질 것입니다. 내년이 임진년이고, 후년은 계사년이므로 당분간은 괜찮습니다. 다행입니다.

21. 앞으로 유럽연합(EU)이 어떻게 되겠습니까?

官未 ‖

文酉
文申 ⚊ 午
          月
兄亥 ⚊ 辛
        世 亥
          日
兄亥 ⚊ 占

官丑
孫寅 ⚋

孫卯 ⚊
        應

유럽연합, 다른 나라들이기 때문에 응이 용신입니다. 응이 공망이며 일진의 생은 받고 있습니다. 괘에서도 일단 극하는 것이 없습니다. 그러므로 최악의 상황까지 가지 않습니다.

그러나 관귀가 회두극을 받았지만 동하고, 응을 치는 오효유금이 동한 것이 문제입니다. 다행히 오효유금이 퇴신이라, 지금 당장은 문제가 있지만 그 문제가 점차 물러나므로 괜찮습니다.

그리고 이효관귀가 발동하여 여러 가지 문제가 있습니다. 이것도 회두극을 받아 큰 문제는 없습니다. 그러나 동했으므로 여러 가지 사소한 문제는 항상 생깁니다.

결론은 응이 공망이며 생을 받고 있으므로 중대한 경우는 생기지 않습니다. 그러나 공망이므로 유럽연합이 비틀비틀 거리는 것은 사실입니다.

22. 미국이 디폴트(default) 되겠습니까?

兄巳 |

孫未 || 應

財酉 |

財酉 |

官亥 | 世

孫丑 ||

未月 丙戌日 占

미국이 지금 디폴트 되느냐, 안되느냐 굉장히 시끄럽습니다. 부채한도 금액을 늘려야 하는데, 여야가 정치싸움으로 합의가 안되고 있습니다. 그래서 미국이 디폴트 되느냐, 안되느냐를 점쳐보았습니다. 미국을 점치므로 응이 용신인데, 응이 월, 일의 아우름을 다 받고 있습니다. 월, 일의 아우름을 받고 있기 때문에 디폴트 되는 사태는 없습니다.

단지, 응이 공망이므로 공망이 풀리면 해결됩니다. 양력 8월 8일, 을미일에 공망이 풀리면서 공망을 채우는 날이므로 이날 해결이 될 것입니다.

양력 8월 2일, 기축일에 해결이 될 수도 있습니다. 왜냐하면 응이 월, 일의 아우름을 다 받아서 왕하기 때문에 충을 만나는 날에 공망이 풀릴 수 있으므로 이날 해결될 수도 있습니다.

23. 어떤 아주머니가 서울의 왕십리 집이 언제 팔리는가를 물었습니다.

文戌孫子 ⚊⚋
兄申 ⚊ 應
官午 ⚊⚋
兄申 ⚊⚋
兄申 ⚊
官午孫亥 ⚋⚋ 世
文辰 ⚋⚋

戌月 庚戌日 占

어떤 아주머니가 집을 내놨는데 몇 달 동안 집이 팔리지 않아 물었습니다. 왕십리 역 근처이고 주변이 상가라 위치가 좋은데 재개발 지역이라 당장 신축을 못해 팔리지 않는 것 같다고 했습니다. 그래서 가격을 상당히 낮추어 내놨는데, 사려고 하는 사람이 있긴 하지만 결정적으로 계약이 성사되지 않는다고 합니다.

팔릴 수 있는지를 물었고, 언제인지를 물었습니다. 그러면 문서가 용신인데 문서가 2개 있습니다. 하나는 초효진토이고, 육효술토가 동했습니다. 일단 초효진토를 보면 월파지만 일진이 아울렀고 괘상에서 오효가 생하고 술토가 아울러줍니다. 육효술토를 보면 월일이 전부 아우르고 사효 오효관이 생해줍니다. 결론적으로 이 집은 팔리는 집입니다.

그러면 언제 팔리겠는가?

이 문제는 좀 어렵습니다. 초효진토는 월파당해 변고가 있고 육효는 동했으므로, 어느 한 가지를 용신으로 정해야 하는데 이 문제가 좀 난해합니다.

그러나 초효진토로 용신을 삼는다 하더라도

생이 더 많으므로 집은 팔립니다. 육효술토로 용신을 정하면 이것은 말할 것이 없습니다. 하여튼 술토가 아울렀으므로 이번 달(술월)에 집이 팔릴 것입니다. 세효 오화관은 회두극이므로 문서를 생할 힘이 없고, 본인이 상당히 걱정하는 것입니다.

24. 대전의 건축사인 분이 부동산 경기가 언제 좋아질지 물었습니다.

```
文卯  |
兄巳  |
      世
孫未  ‖
兄午
兄午  ‖
孫辰  |
      應
文寅  ‖
```

戌月辛亥日占

　부동산 경기가 너무 침체되어 있어 대전의 건축사들도 사무실 월세도 못내고 전기세, 수도세 등 공공요금을 못내고 있다고 합니다. 부동산 중개인들도 폐업하는 사람이 많다고 합니다. 그래서 대전의 건축사인 분이 부동산 경기가 언제 좋아질지를 물었습니다.

　부동산을 물었기 때문에 문서가 용신입니다. 단순히 경기가 언제 좋아질지를 물었다면 재가 용신이지만, 부동산을 물었기 때문에 문서를 봅니다.

　이 괘에서 문서 인묘목이 일진의 생은 받지만 공망이며, 사효미토가 동해서 인목문서를 입묘시키고 있기 때문에 지금 상황도 안좋고 앞으로 상황도 나아질 기미가 별로 없습니다.

　당장 다음날 해월은 문서를 생하는 달이므로 부동산이 조금 활성화되고 내년 음력 1, 2월에 좀더 활성화될 것입니다. 그러나 좀 나아지는 정도지 아주 좋아지지는 않습니다.

　올해가 임진년이므로, 몇 년이 더 있어야 부동산 경기가 회복될 것입니다.

25. 계룡대에서 근무하는 대령이 장군으로 진급할 수 있는지를 물었습니다.

文戌 —世
兄申 才
文未
官午 —
文辰 —應
財寅 —
孫子 —

戌月甲寅日占

　　계룡대에 있는 어느 대령이 장군으로 진급할 수 있는지를 물었는데, 처음부터 물은 것이 아니고 역학 공부는 어떻게 하는지를 물었습니다. 역학에 관심이 있고 혼자 몇 년 정도 틈틈이 공부를 했는데, 장성으로 진급할 가능성은 없어보이고 말년을 대비하자니 이 공부를 하는 것 같았습니다. 그래서 이것저것 얘기하다가 장성으로 진급할 수 있는지를 물어서 얻은 괘상이 이 괘입니다.

　　그러면 관이 용신인데, 관이 전혀 극을 받지 않고 일진의 생을 받으니 장군이 됩니다. 오효 신금 형제효가 발동했는데, 오화관을 생하지도 극하지도 않지만 발동했으므로 선배, 후배, 동료들이 움직인 것입니다. 비록 신금이 일진과 충해 충산이 됐지만 회두생을 받고 있으므로 별것 아닙니다.

　　결론적으로 선후배, 동료들의 도움으로 장성으로 진급합니다. 이런 얘기를 했더니 그분이 역학은 관심 정도로 공부하겠다고 하더군요. 그래도 그전에 번역한 적천수천미(천강월)를 빌려달라고 하더니 복사해서 돌려주더군요. 역학에 상당히 취미가 있는 것 같았습니다.

내년은 계사년, 후년은 갑오년, 그 다음 해는 을미년, 이렇게 나아가기 때문에 2~3년 안에 진급할 것입니다.

26. 어느 아주머니가 어머님을 모시고 사는데, 어머님이 아들에게 소송을 걸었습니다.

文巳 ｜
　　世

兄未 ‖
財子。｜ 伏

孫酉 才
兄戌 ‖ 世

兄丑。‖
官卯 ｜

文巳 ｜
　　應

戌月乙卯日占

여기에서 육효를 공부한 아주머니인데 팔순인 어머님을 모시고 삽니다. 큰오빠가 있는데, 이 사람이 어머니의 부동산을 자기 명의로 전부 돌리고 형제들에게 나누어주지 않는다고 합니다. 막상 어머니를 모시는 것은 이 아주머니이므로, 그 어머님이 딸에게도 재산을 나누어주라고 아들을 상대로 소송을 걸었습니다.

소송은 반드시 세와 응을 봐야 합니다. 세의 세력이 세면 내가 이기는 것이고, 응의 세력이 세면 상대방이 이기는 것입니다. 그런데 이 괘는 어머니가 아들을 상대로 소송한 것이기 때문에 문과 형을 봐야 합니다. 이 질문을 한 것은 그 아주머니이므로 어머님은 부모효가 되고, 오빠는 형제효이기 때문입니다.

그러면 부모효와 형제효의 세력만 보면 누가 이기는 지를 알 수 있습니다. 부모효 사화는 일진의 생을 받고, 형제효 축토는 일생일극이면서 공망입니다. 따라서 어머님이 이깁니다. 그러나 사화나 축토가 동하지 않았으므로 중간에 서로 합의하지 않나 생각됩니다.

그리고 돌려받은 돈은 재이므로, 재를 보면

복신이 되어 있는데, 비신의 극을 받으므로 액
수는 얼마 되지 않습니다. 다행히 유금이 동해
자수를 생하므로 어느 정도 보상을 받는 것으
로 보입니다. 해자월에 돈을 받을 것입니다.

27. 북한 장거리 로켓 발사 성공으로 세계 정세가 어떻게 될지?

文戌 ‖ 應

兄申 ‖

官午 |

文丑 ╱╲
兄酉 世

財卯 |

官巳 ╱
文丑

子月戊申日占

북한의 장거리 로켓 발사 성공으로 세계 각국이 심히 우려하고 있습니다. 그래서 점을 쳐 봤습니다. 여기에는 세는 우리나라고, 응은 북한입니다. 그리고 다른 나라들은 다른 효로 봅니다.

그런데 세가 삼합을 이루고 있습니다. 이것은 우리나라와 세계 각국이 합심단결한다는 것입니다. 일진의 생을 받으면서 삼합을 이루므로 상당히 왕한데 응이 토이므로 견제는 못합니다. 지금 추가 제재 논의가 많지만 제재를 못하는 것입니다.

그렇다고 응, 북한도 어쩌지 못하는 것입니다. 결국 이 괘는 로켓 발사 성공으로 그치는 것이지, 이것으로 어떤 변화가 일어나진 않습니다.

불행 중 다행입니다.

28. 박근혜 씨가 당선되겠습니까?

```
文戌 孫子 ㅗ
兄申 ─ 應
官午 ㅗ
兄申
兄申 ─
官午 ‖ 世
財寅 伏
文辰 ‖
```

酉月 乙酉日 占

이 괘상도 지금에야 올립니다. 안철수씨 괘상 다음날 얻은 괘입니다.

여기에서 상당히 중요한 문제가 있습니다. 여자는 세이고, 모르는 사람은 응입니다. 물론 대중 매체의 발달로 얼굴도 알고 내력도 다 알지만 점을 치는 본인과 아무 상관이 없으므로 모르는 사람은 응입니다. 그러면 재로 볼 것이냐, 응으로 볼 것이냐가 대단히 중요한 문제입니다. 저도 헷갈리는 문제입니다.

결과적으로 봤을 때 응이 용신입니다만, 잘 생각해보면 응으로 용신을 삼는 것이 맞습니다. 남자, 여자이기 전에 모르는 분이기 때문입니다. 재로 용신을 정하면 당선될 가능성이 전혀 없는 것이고, 응을 용신으로 삼는다면 월, 일과 동효가 생해주고 있습니다.

문재인씨는 월이 아우르고 일진이 생해주지만 동효가 생해주지 않고 있기 때문에 이 괘상이 더 좋은 것입니다. 박근혜씨가 당선되는 것입니다. 특히 술토문서가 동해 생해주는 것이 큰데 부모효가 생하고 있습니다. 그러므로 나이 드신 분들이 많이 찍는다고 통변할 수 있습니다.

29. 굿당에 기도 온 사람이 접신할 수 있는가를 물었습니다.

文戌 　∣世

兄申 　∣

官午 　∣

文辰 　∣應

財寅 　∣

孫子 　∣

戌月甲辰日占

　　신명(神明)은 관귀로 보는데, 오화 관귀가 월에 입묘하고(월건에는 포태법을 보지 않지만 입묘 정도는 봅니다.) 움직이지도 않고 있습니다. 이것은 신이 내려온 것이 아닙니다. 누차 얻는 경험이지만 관이 2개, 3개 출현하여 발동하여도 세효와 무관하면 소용이 없는 것인데, 하물며 관이 움직이지도 않았으니 이것은 아무것도 아닙니다.

　　무속의 일은 불가하고, 세에 문서를 띠고 암동하니 이리저리 방황만 하며 수고로운 상입니다. 혹 명리(命理)나 육효(六爻)는 공부할지 모르겠습니다.

　　이어서 무속법사(고장치는 일) 일을 배우면 어떨지를 물었습니다. 풍수환 괘에 초효, 오효가 동했습니다. 흉하니 단념하라고 했습니다.

　　사주를 보니 재살태왕사주였습니다.

30. 어느 무녀(巫女)가 이 업(業)을 계속 해도 좋은지를 물었습니다.

```
文戌  ⑴
財寅。  應

兄申  ‖     戌
            月
官午  ⑴     丙
文戌         午
            日
文丑  ⑴     占
孫亥  世

財卯。 ⑴
文丑

官巳  │
```

묻는 의도가 재물이므로, 재가 용신입니다.

우선 재를 보면 월, 일, 동효에 전혀 생극이 없이 공망인 상태입니다. 수입이 앞으로도 별 희망이 없습니다. 그러나 재가 극은 받지 않으므로 근근히 살아갈 수는 있습니다.

사효, 육효가 발동하여 삼합관귀국을 이루어 세효를 생하니 신명전에서 강력하게 돕고 있습니다. 세에 문서를 띠고 있어 공부를 돕는 것입니다.

축토세효도 월이 아우르고 일진이 생하므로 상당히 왕한데, 관국이 또 생하여 말할 수 없이 왕하므로 공부를 하면 잘할 것입니다.

사주를 보니 군겁쟁재 사주라 돈으로 평생 어렵게 사는데, 다행히 앞으로 대운이 식상운이 들어오므로 그럭저럭 살아갈 것입니다.

육효정법六爻正法

초판 인쇄 2022년 4월 5일
초판 발행 2022년 4월 11일

저 자 | 허시성
발행자 | 김동구
편 집 | 이명숙
발행처 | 명문당(1923. 10. 1 창립)
주 소 | 서울시 종로구 윤보선길 61(안국동)
        우체국 010579-01-000682
전 화 | 02)733-3039, 734-4798, 733-4748(영)
팩 스 | 02)734-9209
Homepage | www.myungmundang.net
E-mail | mmdbook1@hanmail.net
등 록 | 1977. 11. 19. 제1~148호
ISBN 979-11-91757-44-6 (13140)

18,000원